從工業化到城市化

未來30年經濟增長的可行路徑

徐遠　著

目錄

自 序
繁榮沒有秘密

1998 年的時候，我在北大中國經濟研究中心唸書，導師是宋國青先生。當時先生參與一個項目，為發改委的"十五規劃"出謀劃策，帶著一群學生做研究。先生平時話不多，可以說是惜字如金，動員會上還是講了幾句，引用了盧卡斯那句著名的話：一個人一旦開始思考經濟增長問題，就很難思考其他的問題了。

這句話，影響了我半生。經濟增速每相差 1 個百分點，70 年後收入就差一倍。對於千家萬戶而言，這是巨大的差別。從此，增長問題在我腦子裏一直揮之不去。這本書是我這 20 年來思考增長問題的一個階段性的交代。

中國改革開放 40 年來的成績單，無疑是值得自豪的。十幾億人實現溫飽，是這個國家歷史上從未發生過的事情，稱為"奇跡"並不為過。需要探究的是，這個奇跡是怎麼發生的？是歸結於歷史的偶然、偉大人物的推動，還是有規律可循？有規律可循的話，這些經驗能複製嗎？能指導未來嗎？對其他國家有參考價值嗎？

中國做對了什麼？

回答這些問題，可以分解為兩步。第一步，中國做對了什麼？第二步，中國是怎麼做對的？

第一個問題看起來複雜，其實很簡單，就像是一個腦筋急轉彎。我們只要把所有的高收入國家放在一起，尋找這些國家最重要的共同特徵，再看看中國有沒有做到，就可以大致知道中國做對了什麼。

拋開所有的細節不談，高收入國家最重要的共同特徵，就是工業化。歷數歐洲、美洲、亞洲的主要高收入國家，沒有哪一個國家是沒有實現工業化的。除了少數的嚴重依賴自然資源的國家，比如石油輸出國，都是通過工業化實現了經濟起飛。即便是石油輸出國，也要利用石油換來的資金努力實現工業化，否則後續發展潛力成疑。

工業化還有很大的韌性。翻開人類的經濟歷史，任何一個國家，只要實現了大規模的工業化，就很難倒退到工業化以前的水平。蘇聯這樣的計劃經濟國家，雖然經歷了動蕩，但是因為工業化水平已經很高，蘇聯解體後俄羅斯很快從動蕩中走出，實現了 1 萬多美元的人均收入。

剛才是橫向的、國家間的比較。縱向的、歷史的比較，也會指向工業化這個關鍵詞。人類漫長的文明史，其實絕大部份人在絕大部份時間裏都在溫飽線上掙扎。人均收入的真正增長，是 18 世紀以來的事情。

歷史的勝負手，是工業革命。工業革命從英國開始，蔓延到歐洲大陸、北美，然後蔓延到亞洲，以及世界的其他地區。工業革命所到之處，人民生活水平大幅提高。工業革命還沒到的地方，依然貧窮。世界的經濟版圖，其實就是工業革命的蔓延地圖。

中國改革開放 40 年來的歷程，就是一步一步向工業化努力的歷史。家庭聯產承包責任制，是把土地的使用權還給農民，一舉解決了 10 億人的吃飯問題，為工業化打下農業基礎，並且釋放了勞動力。鄉鎮企業，是 "離土不離鄉" 的工業化。民營企業，是 "離土又離鄉" 的工業化。對外貿易和加入 WTO（世界貿易組織），是利用全球商品流通市場加速工業化。房地產改革和大規模基建，釋放了大量的需求，因而促進了工業化。金融改革，是為工業化創造融資條件。用 "工業化" 這個關鍵詞，可以串聯改革開放以來的一切大事件。

從工業化這個 "超宏觀" 的角度，我們對於中國的改革開放會有不同的看法。中國改革開放以來的所有成就，其實就是不斷向工業化的方向努力，並取得的一定的成績。當我們讚歎改革的時候，不應忽視我們只不過是做了一件大家都努力在做的事情。從這個基本方向上，中國並沒有特殊之處。

家家有本難唸的經。各國在推進工業化的過程中，都面臨著自己的困難。能夠克服自己的困難，推進工業化的國家，就是經濟成功的國家，否則就是經濟失敗的國家。僅此而已。

所以，中國經驗的最底層邏輯，並沒有特殊之處。如果有的話，就是在底層之上的次底層、中層，或者表層，有一些特點。這種特點並不是中國獨有的，而是各國都會有自己的特點，即各國都有自己的困難，以及克服困難的做法。中國經驗的可取之處，就是如何克服屬於自己的那一部份困難。這種困難如果未來還有，研究這種困難就會對未來有啟發意義。這種困難如果其他國家有，研究這種困難會對其他國家有參考價值。

以上是我對"中國做對了什麼"的回答。繁榮沒有秘密，更沒有陰謀，就是努力向工業化邁進。

中國怎麼做對的？

第二個問題：中國怎麼做對的？這個問題有兩種回答的辦法。第一種是回到歷史的細節當中，尋找重大的節點，分析當時這麼做的選擇，回答為什麼這樣做，阻力在哪裏，如何克服的。這一任務艱巨，遠遠超出本書的範圍，暫且留到將來研究。

第二個辦法，我們可以反問：我們以前也做了很多嘗試，但是一直沒有成功，以前哪裏做得不好？這一次有什麼不一樣？

1978 年以來的改革開放，是中國一次成功的工業化嘗試，但不是第一次嘗試，而是第四次嘗試。自從 19 世紀中國打開大門，和世界開始大規模的交流以來，中國至少進行了四次大規模的工業化嘗試：

第一次，鴉片戰爭之後的洋務運動。第二次，辛亥革命以後，民族工業興起。第三次，1949–1978 年，計劃經濟體制下的工業化嘗試。第四次，1978 年以來的改革開放。

　　分析比較這幾次工業化嘗試，我們可以看到過去幾次嘗試中的兩個主要問題。

　　首先，工業化不能由政府主導，而應由市場主導。洋務運動和計劃經濟，都是由政府主導，都沒有給我們帶來成功的工業化。二者的共同特徵，是政府直接取代了企業家的職能。政府官員既是官員，又是企業家，二者的角色存在重大的衝突。政府主導的工業化，不利於發動億萬人的積極性，不利於培育市場，最後都難以為繼。

　　其次，和平穩定的社會環境非常重要。辛亥革命以後的工業化，很難說不成功。大部份史家都認為，辛亥革命以後，中國的民營工業獲得了長足的發展。1911 年以後的 20 多年間，包括西方大蕭條時期，中國經濟很難說不好。然而，隨著大規模戰爭的爆發，民眾生命安全都得不到保障，工業化自然也就中斷了。

　　反觀改革開放以來的工業化，是一次和平環境下、市場主導的、自下而上的工業化嘗試。無論是鄉鎮企業，還是民營企業，都是從市場裏長出來的，不是政府主導、規劃出來的。

　　市場力量的生長，是工業化這枚硬幣背面的圖章。沒有市場的孕育和生長，工業化可能可以發個芽，但是很難長出茂盛的枝葉，更難開花結果。人類社會是個有機體，市場是滋潤全身的營養劑，看似無形，實則有力。

強調市場力量的生長，並不是否認政府的作用，這種作用至少表現在三個方面：（一）維護基本的和平穩定，沒有和平穩定的環境，經濟建設就是一句空話；（二）順應市場的訴求，改變制度規則，讓市場力量發揮越來越大的作用；（三）主動推動對外開放，促進市場的發育。

簡言之，從基本的脈絡看，中國的改革開放主要就是政府與市場合作，推動了工業化。任何成功的工業化，都需要政府發揮積極作用。古今中外，概莫能外。

從工業化到城市化

那麼，中國的工業化還有發展空間嗎？現在中國已經是世界工廠了，全世界的市場上，都流通著來自中國的商品。這種情況下，我們的工業化還有進一步發展的空間嗎？工業化支撐的繁榮，還能持續嗎？

這個問題，是面向未來的問題。要面向未來，最重要的是審視現在。回到我們剛才的分析，市場力量的發育，和工業化是一體兩面的事情。要問工業化還有沒有空間，就問現在的市場是不是已經很完善了。那麼，現在的市場發育完善了嗎？只要認真觀察過中國經濟，就不會認為中國的市場機制已經完善了，就像沒有人相信改革已經完成了一樣。所謂深化改革，不就是進一步完善市場機制嗎？

那麼，進一步完善市場機制的抓手是什麼？

要回答這個問題，我們需要轉向一個非常關鍵的概念：城市。梳理中國的改革開放進程，會發現一個明顯的特徵，就是"工業化超前，城市化滯後"。和主要高收入國家比，我國的工業產值佔GDP（國內生產總值）的比重很高，但是城市化率很低，二者呈現出很大的不匹配。城市是市場發育的主要空間載體，城市發展的滯後，使得我國的市場發育還有很大的不足。反過來說，進一步推動城市化，是我國市場發育的最重要抓手。皮之不存，毛將焉附？城市不進一步發展，想發展市場就是一句空話。

進一步理解這個問題，需要我們對"工業化超前，城市化滯後"這個基本特徵進行進一步的理解。所謂工業化，其實是一個"複制"過程，掌握了技術，有了原材料，這個複制過程可以很快。你可以想像一下複印店裏的複印機。原件放進去，就開始一張張複印，速度非常快。這裏面，複印機和原件是技術，油墨是原材料。工業化也類似，有了技術、資金、勞動力，這個過程可以很快。過去 40 年我國經濟快速增長，就是因為工業化是個複制過程，可以很快。

但是城市不是這樣，城市不僅是鋼筋、水泥、道路、橋樑，更是一套複雜的網絡，一套遊戲規則，甚至文化習俗、風土人情。這些東西，是不能複制的，而必須慢慢生長，需要一個時間。做個類比的話，工業是無機體，可以批量生產，而城市是有機體，只能慢慢生長。這樣一來，"工業化超前，城市化滯後"的基本特徵，就容易理解了。

因為城市化滯後，中國的市場發育不完善，工業化也受到制約。這種制約，集中體現在各種結構失衡上。

比如說，我國經濟依賴外需，就是因為國內市場發育滯後，需求不足。內需充足了，就不會依賴外需了。

再比如，為什麼我國服務業相對滯後？也是因為城市化滯後。服務業在城市裏相對有優勢，在農村很難發展。農村經濟的基本特徵，是分散、自給自足。因為地廣人稀，經濟流量低，農村的服務業很難發展。

從這個角度看，"工業化超前，城市化滯後"是我國經濟最本源的結構特徵，可以幫助理解很多其他的結構失衡問題。要解決結構失衡問題，市場就要進一步發育，抓手就在城市化。

如何發展城市

如何進一步城市化？這就需要政府與市場的再一次親密合作。"城"與"市"兩個字共同構成城市，其實代表了兩種完全不同的事物。古代的城，起源於安全防衛，是和政權、君王聯繫在一起的，"築城以衛君，造郭以守民"，說的就是這個道理。而市，則是市場，是交易發生的地方，是黎民百姓討生活的場所。

因此，"城"與"市"這兩個字，其實代表了兩種不同的秩序，兩個字放在一起，概括了社會形態最重要的兩個方面。"城"是政府、君王主導的，而市，則是平民、企業活躍的空間。城市化的發展，終究是政府支持、包容之下的市場行為。中國的改革開放能走多遠，就看城市化能走多遠。

最後要補充兩點。第一，一般而言，工業化和城市化是伴生的現象，差不多是同時推進和完成的，在歐美等高收入國家大致如此。這是因為，城市化能夠達到的程度，是當時最先進的技術決定的。對於走在發展矩陣前列的國家而言，技術進步是緩慢的，而且技術進步會推動工業化進步，會引起人口向城市流動，因此工業化和城市化是同步推進的。

但是在後發國家比如中國，由於工業化發展太快，城市化雖然也有很大發展，但是因為種種原因還是滯後了。因此，中國的城市化分為兩步。第一步是以工業化為主，城市化為輔，是工業化主導的階段，簡稱"工業化"階段；第二步以城市化為主，帶動進一步的工業化，我們稱之為"城市化"階段。因此，我把本書命名為《從工業化到城市化》。

第二，我必須承認，這是一本遠遠沒有寫完的書。關於中國改革開放過去經驗的總結，本書只是個開始。本書提出了"從工業化到城市化"的兩階段描述，但是並沒有能夠回答工業化是如何發生的，如何推進的，以及為什麼能夠推進，等等。這些深層次的問題，本書都沒有涉及。

關於未來，關於進一步城市化，我也只是看到了未來的潛力，看到了進一步改革開放的抓手，但是並不知道未來路徑會如何演化，路上有哪些荊棘，我們能否過關斬將。

本來的研究計劃，是要說清楚中國的工業化是如何發生、發展的，遇到了哪些困難，是如何克服的。然而，耗時幾年，頭髮逐漸稀少，研究卻絲毫沒有進展，我慢慢失去了信心。沮喪之餘，深感理解這些問題遠超出個人的能力範圍，可能需要更多人的努力。

於是，把這一鱗半爪的觀察思考拿出來，談不上任何體系，錯誤也在所難免，肯定有很多值得商榷的地方。但願這些日夜所思所想的點點滴滴，對於思考中國的問題，有一點點幫助，至少幫助大於誤導，則可心安矣。

是為序。

徐遠

2019.05.12 於深圳

第一篇

緒論：中國城市化兩部曲

第一章

從鄉村到工廠，再到城市——中國城市化的兩部曲

中國改革開放的起點，是個 10 億人口的農業大國。中國的現代化進程，分為兩步走，第一步是工業化，農民從農村進入工廠。第二步是城市化，農民從工廠到城市。

離開土地，匯成城市

中國改革開放 40 年的歷史，是中國農民不斷離開土地，進入工廠、留在城市的歷史。概括這 40 年的歷程很難，有很多不同的維度，其中可以使用的一句話是，"人類演化的一條軌跡，是更多的人離開土地，匯成城市"（徐遠，《人·地·城》）。

翻看 1978 年的數據，10 億人民 8 億搞飯吃，並不是一句空話。當時全國人口 9.6 億，鄉村人口 7.9 億，城鎮人口 1.7 億，城市化率 18%。全國的就業人口 4 億，2.8 億在農業，0.69 億在工業，0.49 億在服務業，農業就業人口佔總就業人口的 70%。考慮到老年人和青少年在農村大量參加農業勞動，但是在城鎮卻無法正常就業，農業實際的就業佔比要更高，可能達到 80%。中國第一代經濟學家，大都是農業經濟學家，原因很簡單，那時候農業是中國的"支柱產業"，農業問題是最重要的問題。

短短 40 年之後，中國的城鄉局面已經發生了天翻地覆的變化。看最新公開可得的 2018 年數據，全國總人口 14 億，就業人口 7.8 億，其中 2.1 億在農業，2.2 億在工業，3.5 億在服務業。考慮到農業就業人口可能存在的高估，實際的農業就業人口還要少一些。農業就業人口的佔比，已經從 80% 下降到 27% 甚至更低，很多人已經離開土地，匯入城市了。每年春節的返鄉潮，是大量農民工已經進城的集中寫照。在他們充滿哀怨的返鄉見聞中，故鄉的村落已經衰落，已經只剩下老人和小孩了。當然，還有他們依依不捨的鄉愁，在大規模的城市化浪潮中，這樣的鄉愁不可避免。

然而，中國農民向城市轉移的過程，遠不是一帆風順的。"離土不離鄉，就地工業化"的鄉鎮企業，是中國農民向往城市、擁抱工業文明的第一次努力。"自帶乾糧進城"這句話，聽起來有點心酸，卻突破了"離土不離鄉"的禁令，撕開了向城市轉移的第一道口子，在當時是個很大的進步。1992 年開始的大規模"民工潮"，真正拉開了中國農民"離開土地，匯成城市"的大幕。

中國有文字記載的歷史從商朝開始，迄今已經 3 000 多年。3 000 多年來，中國一直是個以農民為主的國家。1978 年開始的改革開放，第一次改變了這一局面，中國農民第一次大規模地"離開土地，匯成城市"，這無疑是改革開放 40 年來中國社會最根本的結構變遷。

城市是人類文明的容器，是人類最偉大的發明。人類社會已經取得的經濟增長，是和城市的發展伴生的。中國改革開放已經取得的成就，很大程度上也是城市化的成果。中華文明的復興能達到什麼樣的高度，很大程度上取決於城市化能走多遠，取決於北京、上海、廣州、深圳、杭州等城市，能否取代紐約、倫敦、東京、巴黎，成為真正的世界之都。

中國農民進城第一步：從鄉村到工廠

歷史是一面鏡子，幫助我們照亮未來。我們不妨回首看一下過去的城市化道路，看一下這條道路起點在哪裏，走到了哪裏，以後會通向何方。

中國是一個以農民為主的國家。新中國農民進城，分為兩步走，第一步從鄉村到工廠，第二步從工廠到城市。

從鄉村到工廠是中國農民進城的第一步，這一步從 1978 年開始，到 2012 年結束。在這一時期，中國經歷了快速的工業化，基本實現了初級和中級的工業化，成為世界工廠和世界第二大經濟體。

這一階段的重大事件，包括確立家庭聯產承包責任制，鄉鎮企業異軍突起，民營企業蓬勃發展，住房商品化改革，加入 WTO，等等。家庭聯產承包責任制解決了 10 億人的吃飯問題，把 8 億農民從土地上解放了出來，為工業化提供了勞動力基礎。鄉鎮企業的異軍突起，是農民從鄉村到工廠的第一次嘗試。因為不讓離開土地，農民就把工廠開在了農村。1992 年以後，農民工進城的限制打開，農村的工廠也就是鄉鎮企業發展放緩，城鎮的工廠迅速崛起，這就是後來的民營企業。

住房商品化和加入 WTO 這兩件事，為城鎮的工廠提供了巨大的市場需求。房地產拉動基建、建材、汽車、家電、機械等行業發展，使得過去十幾年以來中國沒有內需不足問題。加入 WTO 使得中國的巨大勞動力和世界成熟的商品流通市場結合，帶來了巨大的外需。內外需結合，拉動了中國的工業生產，釋放了巨大的生產力，生產技術得到巨大進步，形成了巨大的產能。

在和世界市場結合的過程中，在內需、外需的雙重拉動下，中國的中低端製造業的競爭力得到極大提高，基本完成了初級和中級工業化，為更高級的工業化奠定了經濟和技術基礎。回首改革開放40年的歷程，這是迄今為止最大的成就。

這一發展階段的典型特徵，是全國是個大工地，都在忙三件事，一是修工廠，二是搞基建，三是建房子。

修工廠有兩個重要抓手，一個是招商引資，另一個是建工業園區，二者都是快速工業化的重要抓手，實質是降低工業化的初始成本，快速形成產能，開拓和佔領國內、國外市場。

大規模基建的實質，是完善基礎設施網絡，降低市場流通的成本，幫助形成更大規模的市場。在以前基礎設施很不完善的背景下，大規模的基建，在方向上也沒有錯。

房地產的實質，不僅是滿足居住需求，更重要的擔當是作為中國經濟發展的金融模式，為中國經濟發展"融資"。中國的快速工業化需要大量資金，這個資金從哪裏來？對中國這樣大體量的經濟體而言，依賴外資不現實，外資體量太小，只能是最大限度地動員國內儲蓄。

在銀行體系效率低下，股票和債券市場剛剛起步、很不完善的背景下，房地產市場擔起了這個重任。從地方政府和企業的角度來說，土地提供了一種很好的投資工具。從居民的角度來說，房子提供了一種很好的儲蓄工具，這對投資渠道匱乏的中國家庭尤其重要。地方政府賣地建房，相當於是向居民發行"城市發展股票"，買了這只"股票"的人，都獲利頗豐。換句話說，中國股民在 A 股市場上沒掙到錢，但是在"城市股票"上掙了很多錢。從這個角度看，雖然房地產市場上存在很多亂象，造成了很多扭曲，但是房地產市場的正面作用，不應被忽視、低估。

中國農民進城第二步：從工廠到城市

剛才講的是從鄉村到工廠，是中國農民進城的第一步。在此之後，中國農民開始了從工廠到城市的第二步征程。這個階段的特徵，是城市替代工廠，成為經濟和社會發展的主要動力。

從 2013 年開始，我國經濟發展出現了一些新的變化，集中表現為經濟增速的"三個反超"和房地產價格的"一個分化"。這"三個反超"和"一個分化"，從數據上可以非常清楚地看到。

經濟增速的"三個反超"，指的是大城市對中小城市的反超、消費型城市對投資型城市的反超、服務型城市對工業型城市的反超。這三個反超，說明以服務和消費為基本特徵的大城市，已經取代以投資和工業為基本特徵的中小城市，成為經濟發展的主戰場。

房地產價格的"一個分化"，指的是從 2013 年開始，中國房地產市場結束了大中小城市"同漲同跌"的局面，開始了"大城市大漲，中城市小漲，小城市基本不漲"的分化格局。2013 年是中國房地產市場的分化元年。房價是一個城市發展潛力的綜合反映，房價的分化說明中國城市發展遍地開花的局面已經結束，潛力大的城市開始領跑。

"三個反超"和"一個分化"的背後，是中國經濟增長機制的重大變化。經濟發展的動能，從工業化轉變為城市化。經濟發展的主動力，從工廠轉變為城市。農民作為中國經濟和社會變遷的生力軍，將要完成從工廠到城市的關鍵轉移，完成從工人到市民的身份蛻變。

在中國農民進城的第一階段，表面上進的是"城"，實際上進的是"工廠"。大量的農民工，進的是車間和工地。在快速工業化的背景下，這有高度的合理性。沒有就業機會的進城，不會帶來經濟增長和社會繁榮。拉美國家比如巴西、阿根廷，雖然城市化率很高，但是由於沒有充分的產業支撐，經濟發展遇到很大瓶頸，陷入中等收入陷阱。

其實，在這一歷史階段，中國的城市，其實就是工廠，因為這些城市是以工廠為核心建立的。沒有工廠，就沒有就業，沒有生產，沒有經濟增長，沒有稅收。相關的生產型服務行業，也是以工廠為依託的。後人回頭看這一段歷史，一定會從"招商引資"和"工業園區"這兩個充滿時代特色的詞語中，清晰地看到工廠在這一階段城市發展中的核心作用。

不過，由於缺乏市民身份和基本的公共服務，這些農民有了一個特殊的名稱"農民工"。這個詞的意思是說，這些農民雖然在城裏，但他們不是市民，而是工人，是城市的過客。中國農民進城的第二步，是從過客變成居民，從工廠走出來，走到街上，融入城市。儘管面臨各種困難，中國農民吃苦耐勞的精神和創造財富的能力是毋庸置疑的。從這個視角看，很容易明白中國城市房價的"漲聲不斷"。

中國的"再城市化"

中國是一個以農民為主的國家，中國農民進城的"兩步走"，必然對應著中國城市化的"兩步走"，第一步是城鎮化，第二步是都市化。

中國城市化的第一步，是城鎮化，核心是建工廠，以工廠為核心建城市。這一步高度符合中國當時的國情，也取得了巨大的成功。在這一步，中國完成了初步的工業化，完成了資本的原始積累，形成了初步的國內市場，為進一步的經濟和社會發展打下了基礎。目前這一步已經基本完成，中國已經實現了基本的工業化，成為世界工廠，成為世界第二大經濟體。

中國城市化的第二步，是都市化，是把以前以工廠、以生產為核心的城鎮，改造為以市場、以交換為核心的都市。為了突出第二步的重要性，我們可以稱之為"再城市化"。再城市化，不是拋棄以前的城鎮，而是以"城"為基礎，發展"市"。在"城"與"市"的二元對立中，"城"是經濟基礎，"市"是上層建築，"城"是硬件，"市"是軟件。沒有"城"，"市"沒有載體；沒有"市"，"城"沒有活力。

在很多國家，從鄉村到工廠，從工廠到城市這兩步，是同時進行、交替前進的。但是在我國的具體國情下，這兩步在一定程度上被分開了。具體說，工業化領先於城市化單兵突進，而不是雙輪驅動，根源於中國兩個天然存在的優勢。

　　首先，後發國家的技術學習優勢。中國的經濟起飛晚，可以充分學習高收入國家的先進技術，和自己的勞動力結合，快速實現工業化。不僅技術，很多產品也是借鑒高收入國家的發展路徑，風險很小。

　　其次，成熟的世界商品流通市場，給中國帶來了現成的市場資源。中國的改革開放，恰逢第二次經濟全球化，世界商品流通市場趨於完善，中國可以充分利用世界市場資源進行大規模工業生產，而不必一步一步開發市場，這樣就進一步加速了工業化。

　　和工業化相比，城市化沒有那麼快。工業生產在勞動力、資金、技術到位的情況下，可以快速複製、快速迭代，工業化的速度可以非常快。但是城市的本質是人口聚集而成的一套生態系統，是一套基礎設施之上的功能機構分工複雜的網絡，只能慢慢生產出來，不是一下子能“複製”出來的，硬性複製很容易出“鬼城”。工業化的突飛猛進和城市的慢慢生長，客觀上形成了“工業化超前，城市化滯後”的局面。

　　中國的再城市化，就是要解決城市化滯後的問題。以前，我們比較注意城市硬件；以後，要更加注意城市軟件。具體而言，就是要提高城市管理水平，提高城市承載力，吸納更多的人口，讓城市的毛細血管發育，讓城市成長為健全的生命有機體，更加便利、舒適、宜居。

城市發展的終極目標，是成為 14 億中國人身體舒張、靈魂飛翔的港灣。這一點做得有多好，將決定中華文明能夠達到的高度。

城市是人類文明的坐標

人類從鄉村向城市的遷移，並不是區域特徵，而是人類的基本路徑，並伴隨著整個文明史。無論是東方的中華文明，還是西方的地中海文明，每一次繁榮都以一個按當時標準的超級城市為特徵。從古巴比倫到古希臘，從古羅馬到君士坦丁堡，從商朝的殷都到春秋戰國時期的洛邑，從唐朝的長安到宋朝的汴京、臨安，再到明朝的北京，這些都是當時的超級大城市。

"條條大路通羅馬" 這句話的本意，是古羅馬帝國的每一條路，都通向首都羅馬，都可以為羅馬運送糧食和物品。公元 150 年左右，也就是將近 1 900 年前，古羅馬帝國達到鼎盛，疆域橫跨地中海，其首都羅馬盛極一時，人口達到 100 萬左右，是人類歷史上第一個百萬人口巨型城市，比我國的唐朝長安還要早 500 年左右。當時的羅馬，是地中海的中心，也是世界的中心。

經濟史學家保羅・貝洛赫在《城市與經濟發展》一書的開篇寫道："這世界上沒什麼事情比城市的興起更令人著迷了。沒有城市，人類的文明就無從談起。" 人類歷史上有趣的故事，都發生在城市裏。

　　城市不僅在歷史上是文明的坐標，也是現代經濟和社會生活的載體。在主要發達國家，城市化率都達到 80% 左右甚至 90% 以上。而且，95% 以上的經濟產出，都在工業和服務業，都集中在城市特別是大城市，農業的產值比重很低，大約在 1% 左右，德國、英國都只有 0.65% 左右，法國高一些，也不到 1.7%。農業就業的比重也很低，較高的日本有 3.6%，德國、英國都只有 1% 多一點。

　　改革開放 40 年，中國正在向進一步的城市化邁進。城市的進一步發展，也僅有城市的進一步發展，才能將中華文明帶上更高的高度。

　　北京、上海、廣州、深圳已經位列世界上最大的城市，人口規模已經很大，資源集聚能力已經得到證明。還能走多遠，想像空間無限。中國是個大國，人口基數大，發展潛力大，城市化率還只有 59% 左右，又恰逢數字技術和智能革命的時代，一切皆有可能。

第二篇

中國經濟尋找新動能

第二章

三個反超：數據中的經濟動能轉換

過去十多年，中國一直在尋找經濟增長的新動能。其實，經濟新動能在數據中已經有明顯的蛛絲馬跡。這種新動能是否能夠持續、壯大，取決於我們怎麼做。

2008–2009 年金融危機以來，我國經濟增速持續下行，一路跌破 10%、9%、8%、7% 四個關口，趨勢上看可能還會繼續向下。

經濟增速的持續下行，凸顯了過去的增長方式不可持續。未來經濟會怎樣？經濟增長方式能不能轉變？經濟增長的新動能在哪裏？這些問題並非事不關己的"假大空"，而是關係到社稷民生。沒有持續穩定的經濟增長，就談不上改善民生，社會矛盾也會積聚和爆發。

判斷未來的方向，要從理論和實證兩方面尋找線索。我們先從數據上展開分析，可以發現，我國的經濟增長方式已經發生了一些重要的變化，拐點在 2013 年，這個變化可以概括為"從工業化到城市化"，可謂是"過去已去，未來已來"。

2013 年之前，我國的經濟增長是由工業化主導的，以工業化為主發動機。在這一過程中，我們變成了世界的工廠，成長為全球第二大經濟體。2013 年開始，我們的增長方式，轉變為城市化主導，以大中型城市的發展為主發動機。這一轉變，前文提過，集中表現為經濟增長速度的"三個反超"。

我們首先來比較一、二、三線城市的經濟增長速度，也就是大中小城市的增長速度（圖 2–1）。一線城市指北京、上海、廣州、深圳四個特大城市，二線城市指一線以外的大中城市，包括重慶、廈門、青島、大連和大部份省會城市，三線城市指其他的中小城市。圖 2–1 顯示，大部份時間裏我國二、三線城市的經濟增速是快於一線城市的，差距達到 3 個百分點左右。但是從 2013 年開始，一線城市的經濟增長速度超過二、三線城市，成為經濟增長的龍頭，並且保持了反超的態勢。

增速（%）

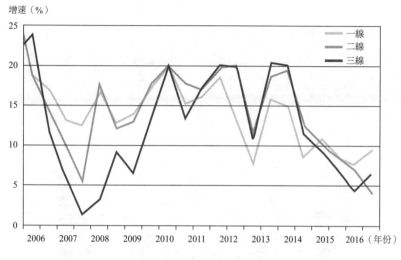

圖 2-1　2013 年一線城市 GDP 增速反超二、三線城市

　　在經濟減速的背景下，一線城市的相對穩定，還起到了經濟穩定器的作用。這不是大城市第一次發揮出經濟穩定器的作用。20 世紀末，也就是 1998 年、1999 年的時候，中國經歷了一次嚴重的經濟疲軟，那是改革開放以來我國經濟最困難的時期，很多農民工沒工可打，只好回鄉。經濟增速 "保八"，就是那個時候提出來的。在那幾年，也是一線城市的增速比二、三線城市快。看起來，每當經濟不景氣的時候，一線城市就挺身而出，成為經濟的穩定器。要使國民經濟保持穩定增長，這個現象，不可不察，這麼重要

的證據，不可不看。

　　我們進一步比較消費型城市和投資型城市的經濟和人口增長速度（圖 2–2）。消費型城市和投資型城市的劃分標準，是社會消費品零售總額和固定資產投資的相對大小，前者大則為消費型城市，後者大則為投資型城市。由於常住人口的數據缺失，我們統一用戶籍人口來比較人口增速。

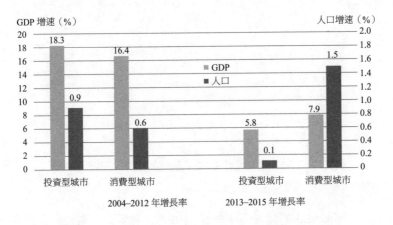

圖 2–2　消費型城市反超投資型城市

　　圖 2–2 顯示，從 2013 年開始，消費型城市的經濟和人口增長速度都反超了投資型城市。2004–2012 年間，投資型城市比消費型市的經濟增速快，人口增速也快，差距比較明顯，經濟增速快了 1.9 個百分點，人口增速分別為 0.9% 和 0.6%，快了 0.3%。2013–2015 年，這一模式發生了徹底的反轉，消費型城市全面反超投資型城市。而且，二者的差距不是一點點，而是非常大。經濟增

　從工業化到城市化——未來 30 年經濟增長的可行路徑

長速度分別為 7.9% 和 5.8%，消費型城市快了 2.1 個百分點，相當於經濟平均增速的 1/3。人口增速分別為 1.5% 和 0.1%，消費型城市是投資型城市的 15 倍，可謂天差地別。

消費型城市和投資型城市的比較，體現的是經濟支出結構的變化。在過去的大部份時間裏，我國的經濟增長是由投資拉動的，投資在國民經濟中的佔比很大，甚至引起過很多"投資過度"的擔憂。從 2013 年起，這個擔憂成為過去時，消費型城市的增速反超投資型城市，消費已經成為經濟增長的主導力量。這幾年宏觀數據中消費增速的穩健和投資增速的下滑，佐證了這一點。

其實呢，過去底子薄，多投資在戰略方向上是對的。不投資，哪裏來的機器設備和生產能力，哪裏來的道路設施，哪裏來的學校醫院，哪裏來的房屋地產？現在收入到一定水平了，消費自然會增加，加上投資增速放緩，消費的佔比自然會增加，這其實是個自然而然的過程。對於"投資過度"的擔憂，很多時候是沒有看到這個動態發展的過程。至於腐敗分子搞的奢華的樓堂館所、腐敗工程，那是腐敗問題，要和投資問題分開。

第三個比較，我們來比較一下服務型城市和工業型城市的增速（圖 2–3）。上述投資和消費，是支出結構，是從經濟生活的兩大需求來看經濟結構。服務型城市和工業型城市，看的是經濟的生產結構，看的是第二產業和第三產業的相對體量。這兩類城市的劃分依據，是第二產業和第三產業的相對大小，第二產業大則為工業型城市，第三產業大則為服務型城市。

　　　　　　　　　　　第二篇　中國經濟尋找新動能

圖 2-3 顯示，2013 年開始，服務型城市反超工業型城市。2004-2012 年，不管是從經濟增速還是人口增速來看，這兩組城市都是差不多的，差別很小。而從 2013 年起，這一規律開始發生很大的變化。2013-2015 年間，不管是人口增速還是經濟增速，服務型城市都大幅超過工業型城市。人口增速差得很大，一個是 0.1%，一個是 0.8%，差了 7 倍。經濟增速差距也很大，一個是 5.4%，一個是 8.8%，相差 3.4%，相當於我國經濟總體增速的一半。這麼大的差距，說明服務業的發展已經成為我國經濟增長的主要力量。

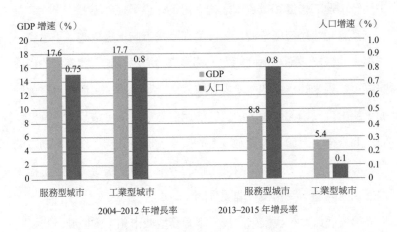

圖 2-3　服務型城市反超工業型城市

　　上面三張圖綜合起來，說明不管是從城市規模，還是從生產與支出結構上看，我國的經濟增長方式都已經發生了變化。那麼，這三個變化是獨立的變化，還是有共同的根源呢？經驗上看，大城市

從工業化到城市化——未來 30 年經濟增長的可行路徑

往往服務業佔比高、工業生產佔比低，同時消費佔比高、投資佔比低。這樣的話，這三個變化是關聯在一起的。下結論之前，我們來看一下數據。

圖 2-4 顯示，一線城市的第二產業比二、三線城市的低很多，而第三產業比二、三線城市高很多，而且差距很大。一、二、三線城市第二產業佔 GDP 比重分別為 31.2%、42.9%、47.7%，最大相差 16.5 個百分點，第三產業比重分別為 68.2%、52.8%、38.8%，最大相差 29.4 個百分點。換句話說，一線城市是服務型城市，而二、三線城市則更多是工業型城市。前面說的服務業型城市反超工業型城市，與大城市增速反超中小城市，是一致的。

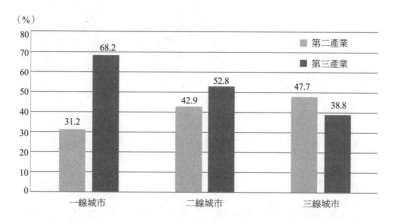

圖 2-4　一、二、三線城市的產業結構（2015 年）

圖 2–5 顯示，一、二、三線城市社會消費品零售總額與 GDP 的比重相差不大，都在 40% 左右，但是固定資產投資與 GDP 的比重相差很大，一線只有 27%，二線達到 78%，三線則高達 91%。二、三線城市如此依賴投資，在投資增速下行的背景下，整體的經濟增速也就難免下行。所以，一線城市增速的反超，與投資的下行，也是一致的。

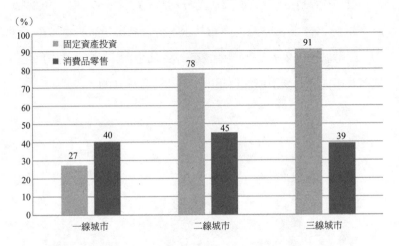

圖 2–5　一、二、三線城市的消費、投資與 GDP 之比（2015 年）

　　用一句話概括上述發現，就是以服務和消費為主要優勢的大城市，已經超過以工業生產和投資為主要優勢的中小城市，成為經濟增長的新動能。大城市主導經濟增長的時代已經到來。

　　需要進一步思考的問題是，這個變化是如何發生的，會不會持續下去。一個可能性是，2010 年以來我國逐步進行緊縮，擴張性

　　　　　　從工業化到城市化——未來 30 年經濟增長的可行路徑

政策逐步退出，這樣一來，對政策刺激更敏感的中小城市、投資、第二產業就慢慢減速，而更加依賴內生市場力量的大城市、消費、服務類行業就慢慢佔據相對優勢。如果是這樣，我們的政策取向，應該繼續孕育市場力量。只有這樣，經濟新動能才能持續下去。

第三章

此消彼長：服務業經濟悄然到來

服務業發展的相對滯後，不過是快速工業化的同義反覆。隨著工業化速度的減緩，服務業佔國民收入的比例越來越大，服務業為主導的經濟，已經悄然到來。

前文說到，我國經濟增長方式在 2013 年發生重大變化，以服務和消費為主的大城市，全面反超以工業和投資為主的中小城市，成為經濟增長的新動能。這種反超，集中體現在經濟增長速度的"三個反超"上。

　　這"三個反超"不僅說明大城市主導的時代已經到來，更重要的是經濟結構已經發生了根本的變化。從數據中我們看到，大城市生產方面以服務業為主，支出方面以消費為主；中小城市生產方面以工業為主，支出方面以投資為主。所以，大城市主導增長的時代，也是服務與消費主導經濟的時代。這兩個時代的分界，是 2013 年。

　　這種分界，在數據上有清楚的顯示。除"三個反超"外，還有一個重要的數據，就是服務業在國民經濟中的佔比，已經超過以工業為主的第二產業，成為國民經濟的主導部門。

　　具體看數字。2012 年，我國第二產業、第三產業在 GDP 中的比重，都是 45.3%，可謂平分秋色。到了 2013 年，第二產業佔比為 44%，第三產業佔比的 46.7%，第三產業全面超越第二產業，成為國民經濟的主導部門。2013 年以後，服務業佔比一直上升，成為經濟中最大的產業部門，到了 2016 年，已經超過一半，達到 51.3%。服務業主導經濟的時代，已經悄然到來。

　　實際上，由於統計口徑上的一些問題，我國第三產業佔比可能被低估了，實際的佔比更大。比如說，我國的很多第二產業部門企業，包括採掘業、製造業、建築業，其實內部有很多服務業部門。

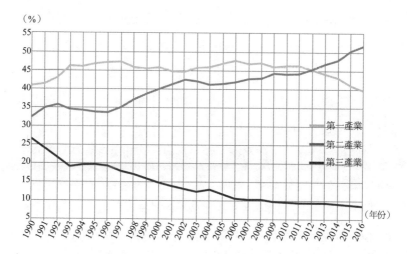

圖 3-1　服務業經濟於 2013 年悄然到來。圖中三條線顯示的是三大產業佔 GDP 的比重。2013 年，第三產業（服務業）第一次超越第二產業，成為國民經濟的主導部門

比如很多大企業有食堂、車隊，甚至附屬的幼兒園。這些都是服務業部門，嚴格意義上應該計入服務業，但實際上很多時候是計入相關的工礦企業，導致服務業部門佔比被低估。國外高收入國家的企業也有服務部門，但是比國內要小很多。所以，從比較的角度，我國的服務業部門被相對低估了。

　　中國經濟結構的扭曲，是財經十分受關注的話題，多年來一直如此。其中有一個重要的方面叫作"服務業滯後"，說的是中國的經濟產出中，服務業佔比過低。這個現象以前是存在的，比如說 2008 年，我國服務業佔國內生產總值的比重為 42.8%。作為比

較，世界平均水平約為 70%，高收入和中高收入國家平均水平分別約為 73% 和 60%，而中低和低收入國家的平均份額也有 45% 左右。也就是說，我國的服務業發展水平比低收入國家的平均水平還要低。我國的服務業佔比，在 1992–1996 年和 2002–2006 年這兩段時間，甚至是下降的。

"服務業滯後" 這個問題，在以往很長時間裏確實是存在的。金融危機以後，我國服務業佔比快速上升，從 2008 年的 42.8%，上漲到 2016 年的 51.6%，8 年上漲 8.8 個百分點，平均每年上漲 1.1 個百分點，這個速度不可謂不快。結合這一新的情況，我們不妨再問一下為什麼。

之前有很多研究，從很多方面討論中國服務業滯後的問題，比如說中國的市場環境、法治環境、產權保護等軟性基礎設施不利於服務業的發展。這些討論都有道理，但是要怎麼驗證？我們能提供有說服力的證據，來支撐這些觀點嗎？

市場環境、法治環境、產權保護都是異常重要，同時又異常複雜的概念，這些概念的界定都很困難，要真的用它們來解釋具體的事情，就需要先具體化，找到發生作用的機制和路徑，再進行相應的量化。人們對這些東西的具體運作規律的理解還很淺，更談不上準確測量，任何測量都代表著一種 "致命的自負"，最多有邊際意義上的參考價值，不可能有任何確定性的結論。

關於市場環境、法治環境、產權保護這些概念，還有一個重要的問題，就是如何建立市場、法治、產權。我們可以同意的是，倘若有一個很好的市場環境，對於契約有很好的法治保護，契約能夠得到很好的執行，契約的產權能夠得到保護，那麼服務業是能夠得到很好的發展的。問題是，我們無法假設這些前提條件。如何孕育這些條件，其實才是問題的實質。通過做這些假設，實際上我們在研究一個假問題，或者說我們把真問題假設掉了。

翻開人類的經濟史，可以看到沒有哪個地方一開始就有很好的市場環境、很好的法治和產權保護。這些都是經濟發展的結果，而不是原因。所以，真正的問題是如何促進經濟的發展，在發展中建立這些讓我們憧憬的制度。倘若沒有經濟發展，你能想像建立這些制度嗎？即便通過某種魔幻的方式建立了，能持續存在嗎？

市場和產權是我們能夠想到的最美好的事物。美好的事物一定不是免費的，而是很昂貴的，是要花很多成本才能得到的，得到之後還要花很多成本維護。那麼多國家朝思暮想而不可得，越發見其稀缺與昂貴，萬不可用"假設已經存在"的態度對待。萬般艱辛，用一個"假設"武斷定論，還做什麼研究？

已故的經濟學家科斯早有警告，經濟學家們無法處理真實複雜的世界，就用一個假想的世界替代它，真是一針見血。這樣的警告倘若不夠振聾發聵，真不知道經濟學家們是不是真的聾了。掩耳盜鈴，也不過如此吧。

回到我國的服務業滯後問題，其實有個很簡單的解釋。給定農業佔比不大，而且比較穩定、逐步下降的情況下，服務業佔比低，它的等價含義就是工業佔比高。工業佔比高是因為前些年我國工業所發展太快了。服務業雖然也有所發展，但是相對較慢，於是佔比就低了。

回想一下近 20 年我國的經濟發展動力，就是加入 WTO 帶來大量出口，房地產改革導致房地產大發展，然後帶動大量的基礎設施投資，以及大件消費品的生產，比如汽車、空調、洗衣機、電冰箱等。房、車、路、出口等這些產業，最直接相關的是製造業、採掘業、建築業，都是第二產業的內容。因此，在這些年經濟高速發展的背景下，第二產業發展很快，並不奇怪。

在此過程中，工業的發展也帶動了服務業的發展。比如生產性服務業需要配合工業發展，服務和促進製造業、採掘業、建築業的發展。再比如收入提高了，消費性服務業也會發展，像餐飲、旅遊、娛樂等。可是，增長的最終源動力在第二產業，所以服務業的發展是被拉動的，會稍微慢一點。從這個角度講，我國的服務業滯後，是特定發展路徑的伴生現象。

所以，我國的服務業滯後，是工業發展快的另一面。我們從 20 世紀 90 年代至今這麼多年經濟快速增長，源動力在於快速的工業增長。服務業的相對滯後，不過是快速工業化的同義語。過度強調服務業滯後，而忽視快速工業化這個大背景，是研究的問題沒有定義清楚，無異於研究一個假問題。

最後需要強調的是，現實中確實存在一些重點服務業部門發展滯後，不能滿足人們對美好生活的需求，比如教育產業、醫療產業。教育、醫療、住房，已經成為壓在人們頭上新的 "三座大山"，嚴重制約社會的發展。教育改革、醫療改革討論了這麼多年，進展依然不大，問題依然很多，背後的底層邏輯需要理順。從正面說，倘若能夠理順邏輯，找到突破口，服務業將成為經濟進一步發展的動力。

第四章 房價分化的故事：房子不僅僅是房子

2013年以來，我國房價發生了一個結構性變化。大中小城市的房價，由以前的「同漲同跌」，轉變為「大城市大漲，中城市中漲，小城市小漲」。房價分化的背後，是人口流動規律的變化，反映了億萬人的選擇。選擇不同的城市，就是選擇不同的人生。億萬人的選擇背後的經濟規律，不應被忽視。

前文說到，我國經濟增長的新動能已經浮現，大城市主導經濟增長的時代已經到來，分水嶺是 2013 年。關於這一點，我們在產業結構上也看到了支撐，表現為服務業的加速發展，以及服務型城市和消費型城市經濟增速的反超。

宏觀的問題都有微觀的表象，在本章中我們將尋找微觀層面的證據。房地產是國民經濟的支柱產業，很多宏觀現象在房價上有所反映，大家也都很關心房價，因此我們來看看房地產市場的情況。

首先來看這張房地產價格的圖（圖 4–1）。這個圖是從 2010 年以來，我們國家一、二、三線城市房地產價格的累計增速，我們把 2010 年 6 月的價格標準化為 1，最上面的 1.96 意味著一線城市房價從 2010 年 6 月到 2017 年 8 月漲了 96%，幾乎翻了一番。二線城市漲了 40%，三線城市漲了 21%。一個很直觀的結論就是一線城市漲得很快，二線城市漲得比較快，三線城市漲得很慢，幾乎沒有什麼增長。2016 年下半年以來，三線城市才開始漲得比較凶，這跟 2016 年國慶以來出台的嚴厲的房地產調控政策有關。由於政策上嚴控一線、二線城市，限購、限售、限貸，導致一、二線城市的房地產需求被暫時抑制，有潛力的、大城市附近的三線城市房價開始上漲。

這張圖不僅直觀反映了 2010 年以來我國房地產價格的基本情況，其中還包含了一條更重要的信息。在 2013 年以前，圖中三條線基本是重合的，一直到 2012 年 12 月。從 2010 年到 2012 年（包括 2012 年）之前，我們的房地產市場有一個特點，就是大中小城

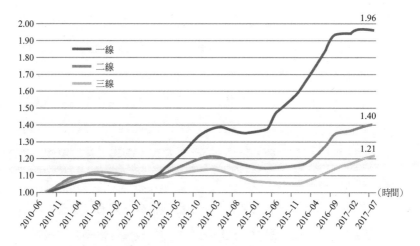

圖 4–1　2013 年是房地產分化元年。圖中三條線是一、二、三線城市
　　　　房價累計漲幅（2010 年 6 月 =1）

數據來源：wind 百城住宅價格和 70 城住宅價格。

市 "同起同落"，從統計上平均之後看不到什麼區別。我們可以把
這三條線往前延長，結論是一樣的。但是這個 "同起同落" 的現象
從 2013 年開始，發生了巨大的變化。2013 年之後，一線城市漲得
特別凶，二線漲得比一線城市慢，三線漲得很少。認真觀察過中國
房地產市場的，比如從事房地產行業的一些人，都知道這個分化的
現象。

　　所以，2013 年是中國房地產市場的分化元年。2013 年以前，
買房子隨便買，買哪裏都賺，賺得都不少，差異不太大。2013 年
開始，房子就不能隨便買了，買對了，能漲很多，買錯了，不僅不

漲，還會跌。比如，2014 年下半年和 2015 年，二、三線城市的房價沒有上漲，跌了一點。但是一線城市幾乎沒跌，而且從 2015 年夏天開始，還開始漲了，漲了很多，速度很猛。

那麼，分化的原因是什麼？背後藏著什麼道理？房地產這個事情，宏觀上有一個大詞叫“國民經濟的支柱產業”，微觀上一個小詞叫“家庭財富最主要的組成部份”，宏觀、微觀上都很重要，對國計民生都很重要。

房地產價格是一個地區、一個城市的經濟活力的最重要表現，是一個地方經濟增長潛力、人口吸附能力、社會進化動力的最重要指標。房價漲說明這個地方好，吸引人，很多人買房。因此房價這個指標的背後，是居民用自己的錢在進行投票。從這個角度看，這個指標比你想到的很多指標，比如收入、學校、醫院、道路、環境等，都要好，因為這些指標只看某一方面，而房價綜合反映諸多方面，包括很多很難測量的方面，比如便宜宜居、商業文化、市場環境、做生意難易程度、政府服務的質量等。

從這個角度看，房地產價格是人們選擇的結果，是一個地區深層經濟力量的顯現。因此，我們需要進一步深究房價變化背後的力量。

我們來看一組數據，看人口流動的趨勢。圖 4-2 顯示的是 2004-2012 年和 2013-2015 年兩個時間段不同規模城市人口的年均增速，前面一段時間是 2004-2012 年，後面一段是 2013-2015 年。這張圖畫的是我們國家 287 個地級市和地級以上城市的人口變化，都是用的戶籍人口。在 2004 年和 2013 年，我們把這 287 個城市按照經濟規模分成 6 組，然後看 6 組城市的平均人口流入速度。

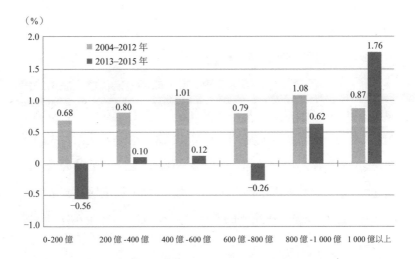

圖 4-2　人口加速向大城市聚集。這張圖比較大小城市在兩個時間段的人口增速

數據來源：CEIC（圖中橫軸標識的是 2004 年的分組依據，2013 年相應的分組依據為 0～500 億，500 億～1 000 億，1 000 億～2 000 億，2 000 億～5 000 億，5 000 億～10 000 億，10 000 億以上）。

可以看到，2013 年以前，每一組城市的人口流入速度是差不多的，如果畫一條趨勢線的話，基本是平的，大城市稍微快一點，但是並不顯著。2013 年以後，人口流動的規律發生了根本性的變化。特大城市和大城市人口持續流入，其中特大城市明顯加速，每年流入速度翻倍，大城市雖然還在流入，但是已經顯著減速了。

相比之下，其他城市已經基本沒有人口流入了，甚至出現了人口流出。

所以從圖 4–2 看，我國的人口流動規律，已經發生了根本性的變化。2013 年以來城市房價的分化，並不是什麼奇怪的現象，而是與背後的人口流動方向的變化是一致的。

進一步，我們還有一張更直觀的圖，來顯示為什麼大城市的房價增長快。圖 4–3 比較了幾個典型省份的人口增速和該省核心城市的人口增速，比如廣東和廣州、江蘇和南京、福建和廈門，人口增速是 2005 年到 2017 年的增速。圖 4–3 顯示的是，各省的總體人口增速並不快，12 年累積平均不到一個百分點，但是核心城市的人口增速很快，像廈門、合肥的累積增長都超過了 70%，廣州超過

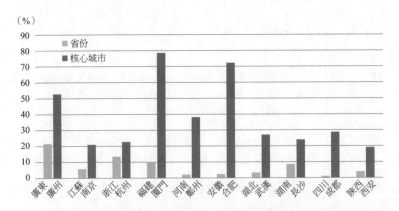

圖 4–3　2015–2017 年部份省人口增速和該省核心城市人口增速。這張圖比較一個省的人口增速和該省核心城市的人口增速

數據來源：中國統計局。

了 50%，南京、杭州、武漢、長沙、成都等城市都超過了 20%。

簡言之，核心城市的人口增速，遠遠超過其所在省份的平均人口增速，兩個速度明顯不在一個數量級上。從 2005 年到 2017 年，全國人口從 13 億增長到 13.9 億，累積增長 7%，每年增長不到 0.6 個百分點，各省的人口增速平均值也是這個水平。但是核心城市的人口卻快速增長，背後的原因是人口向核心城市的快速聚集。也就是說，村鎮、小縣城、一些中小地級市的人口少了，因為很多人到大城市去了。從這個角度看，2015 年以來的房價上漲，集中在核心城市，一點也不奇怪。

人口流動趨勢的變化，代表了億萬人對於未來趨勢的判斷和選擇，代表了強大的經濟自發力量，不可以忽視，更不能強扭。

第三篇

濃縮的歷史

第五章

極簡改革開放史

判斷我國經濟的未來，需要對過去和現狀有一個深入的理解。從極簡的角度，改革開放可以分為三個維度：農村、城市、國際。三個維度的改革一起促成了快速的工業化。40年快速工業化打下的基礎，是我國經濟的基本盤。

前文講到，我國的經濟增長方式已經發生重大變化，拐點在 2013 年。一句話概括：過去已去，未來已來，城市化已經接力工業化成為經濟發展的主驅動力，集中表現為經濟增長速度的"三個反超"。此外，服務業已經成為最大的經濟部門，房價分化佐證了上述變化。

接下來，我們應該如何理解這種變化？這樣的變化是一個偶然，還是一種必然？是曇花一現，還是會持續下去？要回答這些問題，就要我們回溯歷史，理解現狀，看清當今主要經濟力量的來龍去脈和基本格局，然後在此基礎上去判斷未來。

這個分析比較長，展開之前我先簡要概括一下要點：迄今為止我國幾乎所有的經濟成就，都是快速工業化帶來的。未來一段時間，工業化還在繼續推進，但是經濟增速會放緩，城市化會補上，帶來的經濟增長的速度沒那麼快，但是質量會提高。

這樣的基本判斷，源於我國工業化和城市化的特殊性。在其他很多國家，包括發達國家和發展中國家，城市化本來是和工業化同步的一個現象。但是在我國，因為我們可以迅速地利用別人已經有的工業技術，尋找到資金和勞動力，技術、資金、勞動力，再加上我們接入了已有的世界市場，這幾個因素加在一起就可以進行大規模工業生產，我們就可以快速擁抱工業文明，這是過去所有的經濟成就的實質。相對而言，城市化不能這樣簡單複製，會慢很多。加上土地和戶籍制度的限制，城市化會更慢。

不過，工業化取得了長足進步以後，就為進一步的工業化和城市化奠定了基礎，包括經濟基礎、技術基礎、勞動力素質基礎。有了這些基礎，城市的發展就有了底氣，市場和內需會進一步發育，我們所有的經濟結構問題也都會慢慢解決。這就是我對未來的基本判斷。

亮完了觀點，我們從頭開始分析。

我們先來簡要回顧改革開放的歷史進程。我把改革開放分成三個維度，分別是農村、城市、國際。倘若把改革開放的歷史極度簡化，其實我們就幹了三件事。

第一件事叫作家庭聯產承包責任制。以前農村是大集體，是人民公社制度，進一步講就是土地公有，集體勞作。但是，已經有很多研究表明，這種方式不適合農業，因為農業是分散的，它不是流水線、標準化生產，不適合工業管理的模式，它需要更強的微觀個體的激勵。所謂家庭聯產承包責任制，也就是包產到戶，其實就是把這個激勵給了農戶。具體說，就是交了公糧以後，剩下的糧食都是農戶自己的，這樣農民的積極性一下子就上來了。

這看起來很小的一步，立馬就改變了我們國家農業生產的狀況。從 1978 年到 1984 年，我們國家農業生產的產量漲了 40% 以上。人類對於糧食消費的彈性是很小的，40% 以上的糧食產量的增加，再加上 1984 年糧食的進口，於是我們國家出現的一個情況就是，短短幾年內，從吃不飽變成了賣糧難。所以到 1984 年這個歷史節點，我國初步解決了十億人口的吃飯問題。在吃不飽飯的年代，這是個巨大的成就，這歸功於家庭聯產承包責任制。這是改革開放的第一步。

農村的故事到這裏還沒有完，社會現象都是連鎖事件，事情是一連串的，一步步連鎖發生的。這第一步還有一個伴生的效果，是什麼呢？就是很多農民從土地上解放出來，他們吃飽了飯，還要尋求更加美好的生活，要去擁抱工業文明。為什麼呢？因為工業的附加值高，工業中的好技術拿過來，同等勞動、資金投入下產出的價值要高得多。

所以要想致富，就要做工業。只做農業，它的發展空間不大，只能吃飽飯。當時一個情況就是不讓農民進城，20世紀80年代的時候農民是不讓隨便進城的，進城了叫"盲流"。1984年到20世紀末出了個政策叫"自帶乾糧進城"，因為城市居民是有口糧的，多少人需要多少糧食是有計劃的，農民進城沒多餘的糧食供應，所以要自帶乾糧，才能進城打工。1992年鄧小平發表南方談話之後，才開始大規模地鼓勵農民進城打工。

回頭看，在80年代，中國有一個重要的現象，叫"鄉鎮企業異軍突起"，引起了全世界的關注，學術界還因此要創造新的經濟理論。當農民吃飽了肚子，開始尋求更美好的物質文化生活的時候，他們不能進城，就只好"離土不離鄉，就地工業化"，形成了鄉鎮企業，這就是鄉鎮企業的實質。

當時鄉鎮企業成長得很快，規模越來越大。大到什麼程度？大到當時鄧小平都連連感歎意想不到，說是異軍突起。80年代的時候，鄉鎮企業是經濟增長的一個重要驅動力。家庭聯產承包責任制和鄉鎮企業，這兩大事件，是在農村發生的。

90年代以後，逐漸允許和鼓勵農民大規模進城了，在農村發展工業和在城鎮發展工業相比，前者的劣勢就慢慢顯現出來。大部份農村地區畢竟地處偏遠，基礎設施不發達，銷售成本高，工業基礎也不好，往往要靠附近大城市的技術力量。所以，在大城市周邊的鄉鎮企業發展得比較好。工業革命以來，工業的發展一般是在城市裏的。

到了90年代，慢慢取代鄉鎮企業的是民營企業。民營企業和其他非公企業一起變成了中國經濟增長的主力軍，包括外資、合資、合作等，一起促進了城市工業的快速發展。經過20世紀80年代農村改革的準備，中國經濟變遷的主戰場，在90年代轉移到了城市。

工業的發展需要三個要素，分別是勞動力、技術、資金，這在90年代都聚齊了。第一個是勞動力，90年代到現在，有大量的農民工進城，這是勞動力來源。第二個是資金，這是從各個渠道籌集來的，比如集資，比如引進外資。我國的儲蓄率高，為解決資金的問題準備了很好的條件。金融市場的發展，為資金融通打開了通道。第三個是技術，是在以前的基礎上，加上向港台學、向國外學。當時合資、合作企業，除了引進資金，更重要的是引進技術。所以勞動力、資金、技術，三個要素齊了，我們國家的工業化就轟轟隆隆地展開了。這是改革的第二件事，城市的工業發展。

剛才說的是農村和城市兩個維度，還有一個重要的維度是國際維度，也就是第三件事：對外開放。1999 年，我們與美國達成了加入 WTO 的協議，2000 年跟歐盟的很多國家也達成了加入 WTO 協議，2001 年，我們正式加入世界貿易組織。

加入世貿組織的含義是什麼呢？這個含義是我們國家 13.7 億人口或者說將近 8 億勤勞肯幹的勞動力，一下子和巨大的世界商品市場相結合了。當 8 億勞動力攜帶著自己用各種辦法籌集來的技術和資金與世界市場相結合的時候，去擁抱現有的工業技術和工業文明的時候，這個國家的工業化進程，就大大加速了。這是 WTO 給我們帶來的真正好處。不然，21 世紀以來的經濟增速，不會這麼快。

回頭看，中國的生產要素和世界大市場的結合，是 21 世紀以來發生的最重大事件。因為它使這個巨大的國家快速完成了工業化，徹底改變了整個世界的經濟版圖，整個世界的力量結構也發生了巨大的變化。這是 21 世紀以來這個星球上最大的變化，沒有之一。

簡要總結，1978 年以來，我國進行了農村、城市、國際三個維度的改革，解決了吃飯問題，釋放了農業勞動力，推進了快速的工業化。迄今為止我們取得的所有經濟成就，包括成為世界第二大經濟體、世界最大貿易體、世界工廠，都歸功於快速的工業化。

第六章

光榮與夢想歸於工業化

改革開放以來的一切經濟成就，都可以歸結於我們完成了初級和中級的工業化，成為世界工廠。

前文我們回顧了改革開放的歷史，給了一個極簡版本的敘述。改革開放的過程，就是一個解決了吃飯問題之後的快速工業化過程。現在我們來簡要概括一下我國經濟的現狀，也可以說是改革開放的經濟成就的極簡概括。迄今為止的一切經濟成就，都歸功於快速工業化。

我們從經濟總量說起。圖 6–1 顯示的是 2016 年世界十大經濟體。現在中國是全球第二大經濟體，僅次於美國，超過第三名日本兩倍多，是美國的 3/5，是世界的 1/7。認真多看一會兒這張圖的話，會改變很多批評者的世界觀。

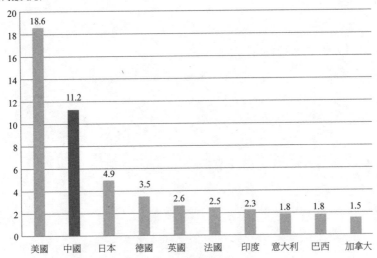

（萬億美元）

圖 6–1　世界 10 大經濟體 GDP（2016 年）

數據來源：Wind 數據庫。

19 世紀中葉，英國通過鴉片戰爭打開了中國的國門，中國開始與世界相連，明清時代的閉關鎖國終於成為過去。我們從被帝國主義列強欺負，從被堅船利炮打開大門，從一窮二白，到全球第二大經濟體，看到這個成績你會對目前所有問題的看法產生一點點變化。回想起魯迅先生的話 "人類的血戰前行的歷史，正如煤的形成"，你會意識到，人類的發展歷程，從來都不是玫瑰色的。你可能會意識到，也許很多問題都是發展帶來的，特別是快速發展帶來的，也許發展過程中就是會產生這些問題，產生這樣那樣的問題。實際上，哪個國家沒有問題？這樣想的話，你可能會少一點求全責備，多一點解決問題的耐心。我不知道這樣的耐心能不能解決問題，但是著急一定是於事無補的。

　　圖 6–2 告訴我們，中國現在是世界工廠，是名副其實的世界工廠。主要大件消費品的產量，彩電、空調、冰箱、洗衣機等，我們都是世界第一。我小時候家裏窮，農村的工業品極度匱乏，自行車絕對是奢侈品，手表更別提了。改革開放不到 40 年，這一切主要工業品，看起來很高檔的產品，我們的產量都是世界第一，而且中低端包括一些高端產品的質量都很好。我把這個，叫做社會進步。

　　比如說空調，中國的產量佔世界的 87.5% 以上，即便如此，增長的空間還很大。世界上最需要空調的地方是印度和非洲，這兩個地方很熱，還很窮，工業基礎很差，所以空調的需求空間還很大，這意味著空調產量上升的空間還有很大。印度才 1 700 美元的人均收入，只有中國的 1/5 多一點，非洲人均收入更低，它們加起

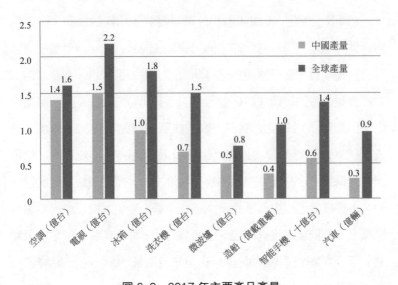

圖 6-2　2017 年主要產品產量

來有 20 多億人口。而中國美的、格力等企業已經掌握了比較先進的生產技術，它們的產量還會增加。

　　再看一下造船，造船是很大的系統工程，從材料，到電路，到設計，非常複雜。這麼複雜的產品，中國的產量也是世界第一。

　　再來看汽車。工業時代的家用消費品的皇冠是什麼？是汽車，因為它量大，單件價值高，技術要求也複雜。我們汽車的產量也已經是全球第一了，2016 年我們汽車的產量是 2 800 多萬輛，日本 2 700 多萬輛，我們超過日本是全球第一了。中國這幾年自主品牌的研發投入非常大，技術進步非常快。

做工業的人都知道，就是當市場很大的時候，固定成本就被攤薄了，研發成本也會被攤薄，利潤就高。利潤高的時候，就可以投入更多資金做研發，這是技術進步最重要的驅動力。研發投入多，技術進步快，成本就會進一步降低，質量會進一步提高，然後佔領更大的市場，進入良性循環。那麼，面對這麼大的汽車市場，中國的汽車行業會怎麼走？我能看到的是，10 年之內，中國肯定會有家世界級的汽車企業，能和寶馬、大眾、奔馳相提並論。

圖 6-2 還有些其他產品沒有列出，比如中國紡織品佔世界市場的份額，玩具、鞋子、襪子佔市場的份額，幾乎所有的產品都是世界第一。但是，中國技術距離世界頂端還有一些差距，有些領域的差距還比較大，那就意味著還有很多研發投入的空間，需要繼續追趕。

圖 6-3 是看世界工廠的另外一個情況，看主要大宗商品的消費量，像石油、煤炭、電力、鋼材，我們都是世界領先。只有石油消費是美國超越了中國。但是這個不妨礙中國世界工廠的地位，首先，世界工廠不需要每一樣都是世界第一，世界這麼大，大家都有空間的。其次，因為美國地廣人稀，美國的石油消費一大塊是私家車。美國每千人汽車保有量是 800 輛，中國每千人的汽車保有量只有 140 輛，而且美國地方大，上下班都是開車，很多汽油耗在路上。而中國的石油很大的比例是在生產，或者運輸，所以從生產的角度來說，中國還是世界第一。

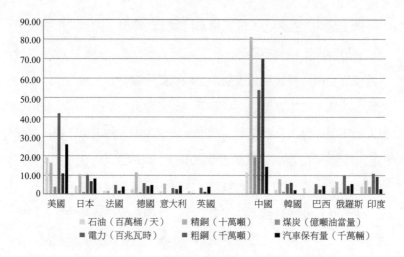

圖 6-3　2015 年大宗商品消費量和汽車保有量

數據來源：Wind 數據庫。

　　也許有人會說，中國總的消費大是因為人多，人均消費量怎麼樣？這個問題要用兩句話來回答。第一句，因為人多，所以要看到發展的不平衡，還有很多很窮的地方，大宗商品的消費是集中在工業發達地區的，落後地區還有很大的潛力。第二句，中國的人均消費量也不低。圖 6-4 為大宗商品人均消費量。人這麼多，人均還不低，不正是說明我們的總量非常大嗎？這裏面有點辯論而不是討論的意思。其實，中國這麼大，問題是很多。但是只看問題，不看成就，不從已有成就中總結經驗，是不對的。

　　到目前為止，我們說的都是工業化的成績，說的都是正面的因素。這些成績大家都看得見，但是有時候可能已經習以為常了，不

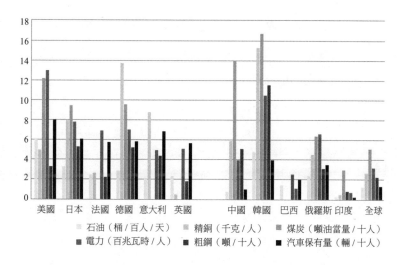

圖 6-4　2015 年大宗商品人均消費量和汽車保有量

數據來源：Wind 數據庫。

覺得特別珍貴，其實取得這些成績很難的。我父親那一代人就遠沒
有我們這一代人富足，他們前半生在貧窮中度過，一生操勞不過為
了家人一口飽飯。我們這一代人沒有受過真正的貧窮，這是這 40
年來的巨大成就，不可以被忽視。

　　工業化有沒有負面因素？當然有，而且很多，比如大家都很關
心的空氣污染、環境保護問題，無疑需要重視和解決，否則掙的錢
都變成醫藥費了，生活質量沒提高，這是不行的。再比如收入差距
問題，我們的貧富差距很大，特別是城鄉差距很大，很影響社會
公正、社會穩定。收入有差距是可以理解的，但差距過大就不合
理了。

下一章我們將重點討論工業化進程中的一個重要結構問題，叫作“工業化超前，城市化滯後”。我們即將看到，這其實是我國所有經濟結構問題的根源所在。

第七章

「工業化超前，城市化滯後」：經濟結構的根源性特徵

「工業化超前，城市化滯後」，是我國經濟結構的根源性特徵。其他經濟結構問題，比如投資佔比過大、過度依賴淨出口、服務業發展滯後，根源都在於這一根本特徵。

我們在前文強調，我國迄今為止的經濟成就，主要歸功於工業化的快速推進。本章我們切換視角，接著講另一個要點，就是迄今為止我國的經濟結構扭曲問題，根源也在快速的工業化。用一句不太準確的話概括，就是"成也蕭何，敗也蕭何"。

圖 7-1 描述的是我們國家"工業化超前，城市化滯後"的現象，圖裏是 2015 年的數據。左邊縱軸為城市化率和工業化率，右邊縱軸為城市化率與工業化率之比。工業化程度，我們用第二產業佔 GDP 的比重來衡量，中國是 40.9%，世界平均是 27.1%，代表發達國家的七國集團（美、英、德、法、日、意、加）是 23.7%。也就是說，中國工業化率比世界平均高，比發達國家也高，高得還不止一點點，高了將近一倍。

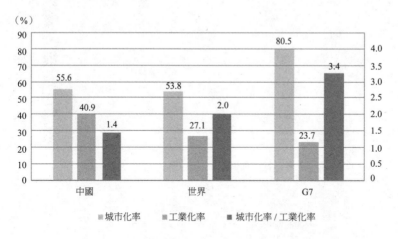

圖 7-1　工業化超前，城市化滯後（2015 年）

然後再看城市化率，2015 年中國是 55.6%，之後大概每年增加一個多百分點，世界平均是 53.8%，中國和世界平均差不多。如果和代表高收入國家的七國集團比的話，它們大概是 80% 多，我們是 57%，還有 20 多個百分點的差距，所以城市化還有很大的空間。

　　怎麼看這個數據呢？我們不妨稍微說細一點。第一，和可比國家比，中國的城市化率是偏低的。這裏補充一個數，沒在圖上，就是中高收入國家 2015 年的平均城市化率是 65%，這一年中高收入國家的人均 GDP 是 8 076 美元，中國是 8 069 美元，很接近。看起來，和大致可比國家比，中國的城市化率還是低很多，低了 10 個百分點。第二，我們國家的城市化率這個數據，是需要斟酌的。圖 7-1 統計的是常住人口，還有一個是戶籍人口，戶籍人口的城市化率低很多，目前戶籍人口城市化率只有 41%。把非戶籍常住人口算 "半城市化" 的話，中國的城市化率是 49%。這樣看的話，上升的空間就更大了。

　　綜合起來看，中國的工業化是比其他國家高的，城市化是比其他國家低的，如果算一下它們的比率，你會發現這個比率就很好玩。我們國家的城市化率 / 工業化率是 1.4，世界平均是 2.0，七國集團是 3.4，我們比別人差了很多。所以，"工業化超前，城市化滯後" 是我國經濟發展的一個非常重要的特徵。

　　歸納出這個特徵之後，再來看看其他主要國家的城市化率 / 工業化率，圖 7-2 最右邊是中國，左邊這一組是發達國家，大多數是 4.0 以上，德國和日本工業化程度稍微高一些，城市化稍微低一點，是 3.0 左右，右邊是發展中國家，金磚五國，別的國家都比我們高，唯一一個跟我們差不多的是印度，但印度是一個很窮的國家，印度人均收入 1 700 美元，是中低收入國家，是我們的 1/5 多一點。當中國的收入是印度 5 倍，發達程度是印度 5 倍，這個比率跟印度差不多的時候，只能說明中國的比率太低了。

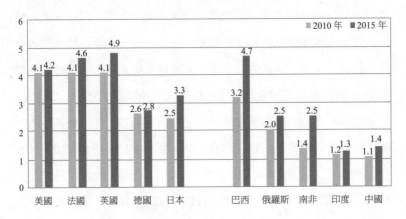

圖 7–2　主要國家的城市化率／工業化率

那麼，如何理解"工業化超前，城市化滯後"的現象？這個現象和我們國家之前的快速工業化是直接相關的。工業化發展可以很快，是因為學習技術、培養勞動力、積累資金的速度都可以很快，有了這些，工業就是複製、升級、迭代、再複製的過程，可以非常非常快。

城市不一樣，城市是個複雜系統，比工業製造複雜得多，城市化不是個簡單複制的過程，而是個生長發育的過程。簡單複制，很容易造出"鬼城"。即便採用複制的辦法，也只能複制一部份，比如硬件的部份，可以部份採用複制的辦法，其實也已經很難了，建築和規劃都是很難的工業技術。軟件部份，就更加不是複制能夠解決的了。所以，城市很難複制，需要下很大功夫，會慢很多。工業化超前，城市化滯後，說白了就是工業發展太快了，城市化沒有那麼快。

我們如此強調工業化超前，城市化滯後這個現象，是因為這個現象是我們國家幾乎一切重要經濟結構問題的根源。我們一個一個來看。

比如說"過度投資"，就是投資佔 GDP 比重過高的問題。工業發展這麼快，為了配合工業以及房地產的發展，好多地方都是需要投資的，這個階段投資高不是天經地義、理所當然的嗎？不投資的話，哪來那麼多設備，哪來那麼多房子，哪來那麼多公路、鐵路、機場，怎麼搞生產？所以說中國"過度投資"這種說法首先就無視了中國快速工業化的背景，無視了工業化的實際要求，在細節上也許有些道理，容易引起共鳴，但是在大格局上、大方向上是有問題的。

另外，補充一個資料，在幾乎所有經濟體的快速增長階段，都有個現象叫作投資過度（詳見附錄 2　經濟發展中的資本積累和技術進步）。工業革命以來，最早期是荷蘭和英國，當時投資佔比大概不到 20%，為什麼比我們現在低呢，因為當時很窮，工業發展過程中首先要吃飽肚子，剩下的儲蓄才能投資。後來是德國和美國，它們就到了 20% 多，接著是日本，日本頂峰的時候投資佔比 30% 多。日本雖然在二戰前就完成了工業化，但是二戰後也需要有重建的工作，要重新"發展"一次。再後來是其他發展中經濟體，比如亞洲"四小龍"，它們發展的時候頂峰是投資佔比 30% 多，我們現在是 40% 多。

有個規律是越晚起步的國家，投資佔比越高，有兩個原因。第一個原因是後發國家的發展路徑是清楚的，因為先發國家已經把路蹚出來了，後發國家只需要去實現這個路徑，面臨的方向性的不確定性小，關鍵是怎麼實現而已。第二個原因是因為後發，路徑清楚，發展會比較快，資金動員能力也會比較強，可供動員的儲蓄也會比較多。

所以，投資佔比高幾乎是伴隨著每一個國家的快速工業化進程的，中國根本不是一個特殊現象，只是普遍現象的一個案例，是一個經典案例而已。所以"投資過度"這句話是完全錯誤的，它既沒有考慮世界範圍內的一般規律，也沒有考慮我國快速工業化、快速經濟增長的大背景。只是簡單和現在的發達國家比，就得出"投資過度"的結論，是很不負責任的。

然後再說內需不足。內需不足是什麼意思呢？就是出口佔GDP 的比重太高了，反映出內部需求不足。這個觀點，是有很多問題的。

首先說一下，投資過度和內需不足這兩個判斷，本身就是矛盾的。投資本身就是內需，投資多了，應該是內需過度，怎麼又說內需不足呢？這兩個事情放在一起，內在的邏輯就是矛盾的。

所以，投資過度和內需不足放在一起，說的只能是消費需求不足。這麼說有道理嗎？對不起，你上當了。消費是千家萬戶的事情，大家知道怎麼花錢，知道該存多少錢。其實操心別人怎麼花錢，還不如操心別人的收入怎麼提高。人民的收入提高了，或者對未來的收入預期上去了，消費自然會上去。不談收入，直接談消費，刺激別人的消費，其實是一種耍流氓。

現在我們來看一下圖 7-3，這張圖想說的是，所謂內需不足，和"工業化超前，城市化滯後"是密切相關的。橫軸是城市化率 /

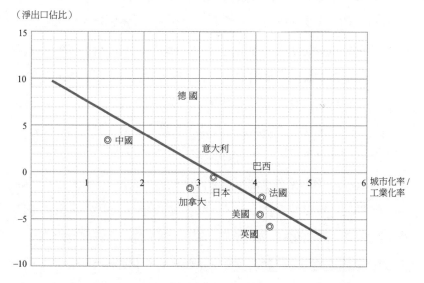

圖 7-3　內需不足和"工業化超前，城市化滯後"密切相關

工業化率，縱軸是淨出口佔 GDP 比重，我們看的是世界十大經濟體（去掉印度，因為收入太低，產業結構不可比）。這張圖顯示的基本信息是：城市化越發達的國家，淨出口佔比越低，這個規律非常清楚。可以看到中國就在這個擬合線旁邊，並沒有偏離這個趨勢。換句話說，中國所謂的淨出口佔比過高，或者說內需不足，無非就是城市化和淨出口佔比規律的一個樣本點而已，毫不奇怪。

這其中的道理是什麼？城市發達的國家，內部市場才會發達。農村市場不會發達的。市場發達了，才有各種消費，才有各種內需。市場不夠發達，自己需求不了，總需求不夠，只好賣給別人，表現為淨出口。道理就是這麼簡單。

我們國家改革開放以來，特別是加入 WTO 以來，工業化進程如此迅速，內需怎麼跟得上？內需跟不上工業複制和工業膨脹的速度，所以就賣給別人，這很正常。太陽底下從來沒有新鮮事。而且從企業家的角度講，賣給別人這麼好賣，還省心，為什麼不賣？因此所謂的內需不足，只是我們增長階段的一個現象，是"工業化超前，城市化滯後"的一個派生現象，和世界經濟一般規律並沒有什麼不一致的地方，不值得大驚小怪。

圖 7-3 看的是經濟的支出方面，是淨出口佔 GDP 的比重。圖 7-4 看的是經濟的生產方面，是服務業佔 GDP 的比重，橫軸還是城市化率 / 工業化率。我們可以清楚看到，城市化越發達的國家，服務業佔比越高，也是大致在一條直線上。中國服務業佔比低，但是也基本落在這條線上，中國跟這個規律並沒有太大區別，只是更

（服務業佔比，%）

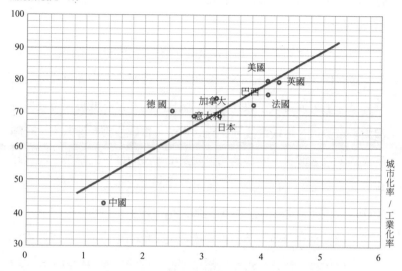

圖 7-4　城市化越發達的國家服務業佔比越高

為顯著而已。所以中國服務業滯後也只是 "工業化超前，城市化滯後" 的一個表象。

　　這裏面的道理也很簡單。沒有城市，沒有大城市，服務業很難真正發展起來。大家想一想，在農村怎麼發展服務業。農村可以有個小賣部，有個診所，再大一點的就開不了了，因為沒有人口聚集，沒有人口和商業的流量，成本就攤不開，沒法持續下去。

　　舉個例子，農村有很好的學校嗎？可能有，但是一定非常非常少。為什麼？農村人口密度太低，孩子少，老師們收入低，其他機會也少。同樣是教書，老師們更願意去城裏；同樣是教書，城裏的條件好，收入高，孩子也多。收入之外，講教學的成就感的話，城裏也好很多。

城裏面什麼都有，老師們在城裏面有自己的社會關係網，有醫院，有各種各樣的娛樂設施。他在農村幹什麼？上完課可能只能去打打籃球了，或者上完課就直接回城裏，因為家在城裏。留在農村沒太多事情做，也很難找到好玩的事情，很難找到有趣的人，有趣的人都願意去城裏，因為他們也要紮堆。沒有好玩的事情、沒有好玩的人，剩下的人也會走的，於是好玩的人越來越少，農村越來越不好玩。總而言之，在農村，因為人越來越少，服務業是發展不起來的。服務業是需要一個很大的流量來支撐的，要不然做不起來。

不僅學校，醫院、銀行也都是這樣。銀行的經理知道，在農村開個分支網點多貴，人吃馬餵都是要花錢的。農村一共就那麼幾個人，就那麼點經濟流量，農村開個網點很難掙錢，不賠錢就不錯了。沒有密度、沒有流量的地方，服務業就是做不起來。這是最基本的經濟邏輯，不可能錯，也改變不了，除非你把農村變成城市。把農村變成城市，不僅要修橋鋪路，最重要的是要有人。

回頭想一想，以前我們描述農村的時候，有一個說法大家一定還記得，叫作"自給自足的自然經濟"。這詞什麼意思？就是什麼都自己來，吃飯自己煮，衣服破了媽媽縫，再久遠一點的時候，鞋子也是媽媽做的。什麼都自己做，還要什麼服務業？服務業不就是花錢買服務嗎？什麼都自己家裏做，就沒有服務業了。

為什麼農村經濟"自給自足"？這是個複雜的問題，一下子不容易說清楚。一眼看去，跟收入水平低、經濟密度低、交易成本高有很大關係。趕個集買東西要半天，還不如在家裏自己動手做，於是分工起不來，效率就低，技術也沒法進步，收入也增長不起來。千年的鄉村，就陷在一個低收入的陷阱中，直到城市發展起來。有了城市，才有分工，才有經濟增長，然後反過來促進城市的進一步發展。對於城市促進分工和增長的神奇力量，我們一定要有足夠的敬畏。我們脫胎於農業國，很多人的鄉土情結很重，因此敬畏城市這一點特別重要。

簡單總結一下，所謂的服務業滯後，和中國的城市發展水平有著很大的關係。說白了，還是工業化很快，城市化沒這麼快。剛才說的這麼多經濟結構問題，包括過度投資、淨出口佔比過大、服務業滯後，其實都是"工業化超前，城市化滯後"的派生現象，沒什麼奇怪的。

站在這個歷史時點上，想清楚這些事，歷史原來如此簡單。

第四篇

理解城市：歷史與現代的視角

第八章

城市：文明的坐標

翻開歷史，大大小小的城市穿越時間，構成人類文明的坐標系。經濟增長、人口增長和城市化，三位一體。

凝視著一幅世界地圖，如果看得足夠久，你會發現 "世界不是平的"，不僅山川河流不是平的，經濟和人口的分佈也遠遠不是均勻的，而是聚集在佔地球面積很小的城市中。

　　看得足夠久，你會看到星星點點的城市，城市之間用交通幹線、飛行航線，連成一張密密麻麻的網。城市之外，則是地廣人稀的廣袤地區。這些城市，承載著世界大部份的人口和大部份的經濟活動。

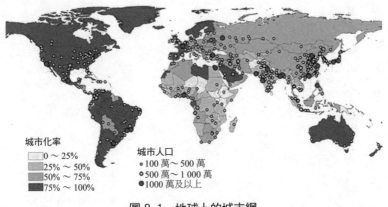

圖 8-1　地球上的城市網

　　當今世界的生活，其實是以少數大城市為核心的。紐約、倫敦、香港是金融之都，巴黎、米蘭是時尚之都，華盛頓、北京是政治之都。這些城市的影響力，甚至超出了國界，供養著全球，也由全球供養。圍繞著這些特大城市，還有大大小小不同層級的城市，充當著社會生活的節點，構成了現代文明的坐標。

　　不僅當代，在人類文明史上，城市一直擔任著文明坐標的角色。從大約 1 萬年以前的農業革命開始，人類就開始了從叢林向村莊、城鎮、都市遷移的過程，至今沒有結束。城市的規模，從最初的幾萬人、幾十萬人，到後來的百萬人，到近代的千萬人，城市容納的人口越來越多，文明的程度也越來越高。

　　不管是東方的中華文明，還是西方的地中海文明，都是這樣。高高的喜馬拉雅山以東，是中華文明生息的地方。從商朝的殷都，到唐朝的長安，再到宋朝的汴京、明朝的北京，都是當時最大的城市。

古巴比倫
（前 2000）
頂峰人口：
30 萬

古希臘
（前 800）
頂峰人口：
不到 30

古羅馬
（150）
頂峰人口：
80 萬～130 萬

君士坦丁堡
（330）
頂峰人口：
100 萬

倫敦
（1600）
17 世紀時人
口達 60 萬

殷都
（前 1300）
頂峰人口：
30 萬

春秋戰國
（前 770）
洛邑頂峰時
期：40 萬

長安
（650）
唐朝時期：
185 萬

汴京
（960）
頂峰人口：
140 萬

臨安
（1120）
頂峰人口：
250 萬

北京
（1279）
明朝時期：
85 萬

圖 8-2　城市是人類文明的坐標

　　喜馬拉雅山以西，孕育的是地中海文明。從古巴比倫到古希臘，從古羅馬到君士坦丁堡，都是當時文明和城市的頂峰。古羅馬是西方第一個人口百萬的城市，比唐朝的長安還要早了 500 年左右。

"條條大路通羅馬" 這句話，生動體現了羅馬在歐洲古代文明中的核心地位。當時的古羅馬帝國，強盛到橫跨地中海，使地中海成為帝國的內海。倘若羅馬不是地中海文明的中心，條條大路是不會通往羅馬的。

這些大都市的背後，隱藏著一個公開的秘密：人類的文明發展，其實是以城市為核心的。人類歷史上的繁榮時期，都有一個當時的特大城市作為地標。人類歷史上的黑暗時期，往往也找不到特別大的城市。

比如說，在漫長的歐洲中世紀，在長達千年的歷史跨度裏，我們居然找不到一個特別大的城市。直到工業革命以後，倫敦才達到古羅馬的規模，前後相隔了 1500 年之久。這 1500 年的漫長等待，告訴我們文明是一種多麼艱辛的偶然，而不是一種輕鬆的必然。

城市不僅代表了當時文明的頂峰，也帶動了文明的發展。從數據中可以看到，人類的經濟增長、城市化和人口增長，其實是三位一體的事情。在公元 1800 年以前，人類的城市化率一直徘徊在 10% 以下，人口總量和人均收入也幾乎沒有增長。在這漫長的歷史進程中，人類一直在馬爾薩斯陷阱[1]中徘徊。

---

1 馬爾薩斯陷阱的主要觀點是，人口是按幾何級數增長的，而生存資料是按算術級數增長的，多增加的人口總是要以某種方式被消滅掉，人口不能超出相應的農業發展水平。——編者注

1800 年以後，隨著工業革命的展開，人口總量和城市化率也開始大幅提高。因此，人均收入的增長，其實只有 200 年的歷史，而且是伴隨著城市化和人口總量的增加而增加的。

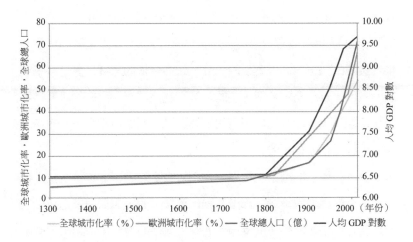

圖 8-3　經濟增長、人口增加和城市化的三位一體（1300-2015 年）

那麼，是什麼因素驅動了收入、人口、城市化三位一體的變化？人類文明程度的提高，不過是能夠供養更多的人，並且讓每個人生活得更好。從這個角度看，這三位一體的變化，是關於人類經濟增長和社會變遷的最重要的變化，甚至可能是理解人類社會變遷的終極問題。

現有的經濟理論，給出的回答是技術進步。從時間關係上看，這個回答無疑有其合理性。1800 年以後，工業革命開始，收入、人口、城市化都發生了突變，人類宛如長出了飛翔的翅膀，掙脫了貧困的陷阱，踏上了騰飛的軌跡。因此，理解工業革命，是理解經濟增長的關鍵。

迄今為止，學術界對於工業革命的成因依然沒有定論。英國科技史專家李約瑟的那個著名發問"工業革命為什麼沒有發生在中國"，也依然沒有公認的答案。已有的回答，不管從金融的角度、地理發現的角度、市場容量的角度、政治結構的角度，還是科學實驗的角度，都忽略了一個重要的維度，就是城市。已有的研究，對於城市在技術進步中的作用著的筆墨之少，和城市在人類文明演化中的地位是極不相稱的。

在歷史描述的圖景中，城市是人類文明的容器。迄今為止人類文明史上最精彩的篇章，都是在城市裏發生的，包括技術進步。技術進步在城市裏發生，又反過來促進了城市的發展。看起來，城市容器和技術進步，或許是人類進步的兩大基礎力量。

不過，對於城市如何孕育了技術進步，技術進步又如何反過來促進城市的發展，人類還有很多的思考工作要做。不管人類未來的回答如何，未來的經濟發展和社會變遷理論，一定是以城市為核心的。

第九章

城市：現代經濟的載體

城市不僅是文明的坐標，也是現代經濟的載體。現代人享受的富裕社會，不過是因為城市吸納了巨量的就業，創造了巨量的財富。

前文說到，我國經濟增長的一個重要現象，是 "工業化超前，城市化滯後"。我國改革開放以來的經濟成就，以及存在的很多結構性問題，都可以歸結為這簡簡單單的十個字。

在本章，我們進一步發問，城市化滯後，滯後以後會怎樣？是會一直滯後下去，還是會發力追趕？回答這個問題，需要我們深入分析城市化的基本動力。

圖 9-1 是美國的經濟密度圖，來自 2009 年的世界銀行的發展報告，這份報告叫作《重塑世界經濟地理》。這張圖上每個高高的凸起，都是一個大城市的所在地，凸起的高度就是那個城市每平方公里的 GDP 數量。我們看到的規律是什麼，就是大城市的經濟密度特別高，美國最高是紐約、洛杉磯、芝加哥，恰好就是美國前三

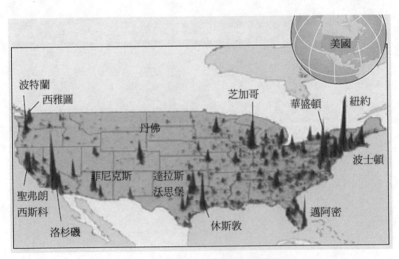

圖 9-1　2009 年美國經濟密度圖

　　　　從工業化到城市化——未來 30 年經濟增長的可行路徑

大城市。美國整個中部大平原，面積很大，可是經濟產出的密度很低。

　　圖 9-2 是日本的濟密度圖，也是三大都市區和其他一些大城市很高，東京、大阪、名古屋最高，其他的凸起都是大城市，比如札幌（Sapporo）、福岡（Fukuoka）。這些大中城市之外，其他地方的經濟密度很低。

　　從產出的地域分佈上看，不管是美國，還是日本，都是集中在

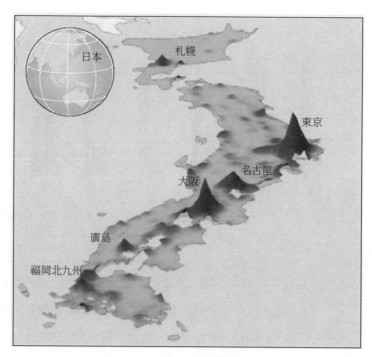

圖 9-2　日本經濟密度圖

城市，特別是少數大城市；廣大的農村，雖然土地佔絕對比重，但是經濟密度很低。這種集中，不是偶然的，而是反映了產業結構的變化，現在我們來看產業結構。

圖 9-3 是現代經濟的產出結構圖，有美國、日本、德國、英國、法國這些大的經濟體，最後是中國。第一產業的佔比低到什麼程度呢？德國、英國都不到 1 個百分點，美國、日本剛過 1 個百分點，法國稍稍高一點，但也不到 2 個百分點，有 1.7%，可能是盛產葡萄酒的緣故。

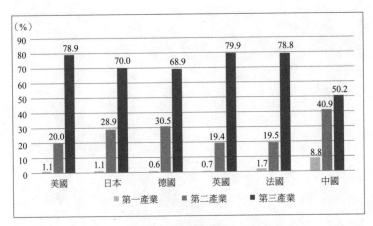

圖 9-3　六國現代經濟結構圖（2015 年）

不看不知道，一看嚇一跳，原來農業的比重這麼低！不僅如此，未來還會更低。因為過去 100 多年來，農業技術進步很快，農產品的相對價格，扣除通貨膨脹之後的相對價格，是持續降低的。價格降低，就是產量增長相對於需求增長更快的意思。總體上，這

　從工業化到城市化──未來 30 年經濟增長的可行路徑

個星球上是不缺糧食的，糧食的相對價格一直在下降，第一產業在經濟中的佔比，一直是降低的。一個國家越發達，農業佔比越低。

第一產業佔比低，是現代經濟這枚硬幣的一面。其另一面，就是第二產業和第三產業佔比高。美國、英國、法國的第二產業在 20% 左右的規模，德國和日本高一點，30% 左右，中國是 40% 左右的規模，比這些發達國家都高一些。剩下的都是服務業，美國、英國、法國在 80% 左右，德國和日本在 70% 左右。第二、第三產業加起來，在這些國家佔 98% 以上，在我國佔 91% 多一點，未來還會增加。

重要的是，不管是第二產業還是第三產業，工業還是服務業，都是不需要土地的，不需要在空間上鋪開，它們是集聚在很小的空間上就可以完成的。所以 98% 以上的產值不需要地理空間。只有不到 2% 的農業需要地理空間。現代農業的基本原理，是現代農業技術加光合作用，具體說就是利用現代的技術，改善農作物品種，加上化肥、農藥、農機具、溫室大棚這些，然後利用光合作用，從太陽那裏吸取能量，轉化為農產品。因為需要光合作用，所以農業要鋪開，需要很大的面積，工業和服務業都不需要這些。

有人說工業也需要大廠房、大園區，很多工廠的佔地面積很大。實際上只有極少數的重工業需要大廠房、大設備，需要鋪開，因為只能在一樓、在地面施工。其他絕大多數工業生產，都是在高樓上就可以完成的。所謂的亞洲"四小龍"，比如說香港，剛開始也都是輕工業，香港是在高樓的小格子裏生產玩具、鞋子和襪子，靠輕工業起家，輕工業在彈丸之地是可以發展起來的。絕大多數工業，都是不需要很大空間的。

服務業更不需要空間，甚至是厭惡空間的，一定要有密度，才能節約時間，帶來更多的便利。最典型的服務業不需要空間的例子就是 CBD（Central Business District），也就是中央商務區。大一點的城市，都有個 CBD，大的企業總部，大都設在那裏。那個地方租金那麼貴，為什麼那麼多企業都還往裏擠？為什麼不找租金便宜的地方？因為租金貴，時間更貴。只有這樣擠在一起，才能方便大家交流、討論、商量、見面、談判、協調員工幹活等，才能快速完成很多事情，把事情往前推進。CBD 的原理，是很多事情必須聚在一起，才能高效推進，否則推不動，最後只能不了了之。

CBD 最經典的例子就是美國紐約華爾街，曼哈頓島只有 60 平方公里左右，和北京二環面積差不多。你知道曼哈頓人口密度有多大嗎？一平方公里 2.8 萬人，而且它的下城區，也就是華爾街那個地區，很多大公司、投行、律師事務所都紮堆在那裏，你想到的最掙錢的人都在那個地方。他們不走，一個房子一千萬美元他們也不走。為什麼？因為時間太貴了。房子貴，可是時間更貴，房子貴就是因為時間貴。你離開那個地方，你的時間就不貴了，房子也就不貴了。一件十幾分鐘、下個樓到隔壁能解決的事情，你讓他們跑一個小時跑到上城區去，沒可能的，一個小時，生意可能就已經被人搶走了。所以租金貴，時間更貴，潛在的收益更高，所以才會有 CBD 這樣的地方。

再舉一個例子，就是學校。學校應該建在哪裏？是風景優美的鄉村，還是擁擠不堪的城市？一眼看去，學校是需要空間的，學校在偏一點的地方合適，租金還便宜，不佔地方，孩子們還有個大一點的空間玩耍，看起來應該建在偏遠一點、不太擁擠的地方。可是，每個孩子都是有家長的，家長要接送孩子上學，然後上下班。這樣一來，住宅、學校、上班的單位，這三個地方不能離得太遠，否則路上奔波太辛苦。因此，學校也不能在太偏的地方。好一點的中小學，大部份都在城中心，或者人口密集的地方。

說了這麼多，只是想強調，工業和服務業是不需要很大空間的，而且從很多方面上講，它們是"空間厭惡"的，因為空間上的稀疏，會增加各種成本，最重要的就是時間成本。現代社會，時間是最貴的，能節約則節約。

圖 9–4 是和產業結構對應的人口就業結構。發達國家就業人口 70% 以上都是在服務業。10% 以上是在工業，只有 2% ～ 3% 左右是在農業。我們中國目前的產出結構是第一產業 9%，第二產業 40%，第三產業 50% 左右，就業結構中第一產業 28.3%，第二產業 29.3%，第三產業 42.4%，所以農業就業的佔比還是比較高的。

圖 9–3 和圖 9–4 對比，就可以看出我國城鄉差距的根源。根據我們國家統計局的數據，城市居民的平均收入是農村居民的 3 倍多。根據這兩張圖，30% 左右的農業就業人口分 10% 的國民收入，平均收入就是別人的 1/3，這也恰好是城鄉差距的量級。所以說，農村人口多，就是我們國家農民窮、農村落後的根源。背後的

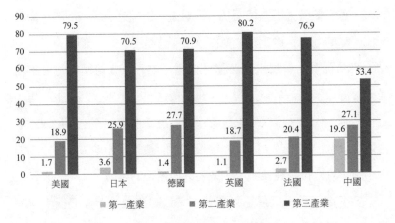

圖 9–4　六國三大產業就業人口結構圖（2015 年）

經濟學道理，就是農業的附加值低、產值低，因為總量就這麼多，漲得又不是很快，要想讓農村人富怎麼辦？人少了，人均收入就多了，這是個小學算術題。所以，要想解決城鄉差距、農村問題、農村落後這些問題，根本出路就是農民進城，絕無第二條路。

農民進城幹什麼呢？就是工業、服務業。這些人進城收入很高的，比如現在城裏的保姆，收入好一點的有七八千，甚至上萬都是很正常的。女生做一些家政服務、零售服務等，男生做一些體力工作，比如搬運、快遞等，收入接近一萬的多了去了。

他們在農村能掙多少錢？這麼多農民工往城裏去就是這個道理。平均一個農民現在種四五畝地，一年的收入 1 畝地 1 000 元，10 畝地 10 000 元，也就是城裏一個月的工資。為什麼人往城裏走，這就是原因，這麼大的收入差距，十幾倍的差距，擋是擋不住的。他們在城裏，就算住地下室、住工棚，受點苦他們也願意，因為留在農村更受苦，收入更低。所以借這裏說一句題外話，中國的三農問題，就是城市化問題，唯一的出路就是城市化，其他都不是主要的。

簡單概括，這幾張圖說的是一個簡單的道理，城市是現代經濟的載體，現代經濟產出在城市，就業在城市，所以人往城市裏聚，這個事情非常簡單，簡單到不可能錯。

進一步的問題是，城市為什麼能產生這麼多產出，吸納這麼多就業，這是怎麼做到的？城市裏這麼多人，密密麻麻的，吃喝拉撒那麼多事情，怎麼組織協調？協調不好，就亂了套，影響社會安定也是有可能的。要深入理解這個問題，就要看一下城市的本質。

第十章

城市的骨骼、器官、細胞

城市是複雜生命體，不像無機體一樣可以設計、複製。基礎設施網絡是城市的骨骼，功能機構網絡是城市的器官，芸芸眾生是城市的細胞。骨骼、器官、細胞一起，共同構成城市有機體。城市文明的生長，依賴於這個有機體各個部份的健康活力。

城市的骨骼：基礎設施

要理解城市的發展動力，我們不妨先想一想城市的結構，一想之下會發現很複雜，複雜得超乎想像，需要很多的分工協調。圖10-1 顯示的是北京、上海、深圳這三個城市的地鐵網絡規劃圖，其中很多都已經建成，有一些是在建，還有一些是在規劃中。這密密麻麻的線路，看起來就像是密密麻麻的蜘蛛網。

而且這還只是城市網絡的一小部份。地鐵網絡只是地下交通，地上交通網絡更加複雜，比地鐵要複雜很多。而且，交通網絡還只是城市網絡的一部份，供電也是一套網絡，供水、供暖、供氣、排污都是一套套的網絡。比如說供水，還要區分生活用水、污水、雨

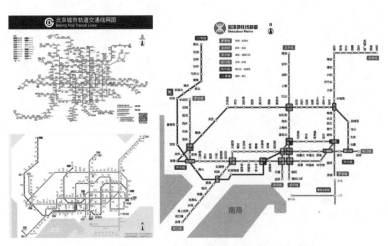

圖 10–1　北京、上海、深圳的地鐵網絡規劃圖

水，一下子就是三套網絡系統。城市網絡系統之複雜，由此可見一斑。世界上所有大規模的城市，都是建立在一套龐大而複雜的基礎設施網絡之上的。

粗粗劃分，任何一個上了點規模的城市，都要有六大系統：（1）供水、排水，包括自來水、雨水、污水三大系統；（2）能源，包括電力、能源氣、供暖；（3）交通系統，包括道路與停車、公共汽車、出租車、地鐵、鐵路、機場、港口等；（4）通信系統，包括郵電、電信；（5）環境系統，包括環衛、環保、綠化；（6）防災系統，包括消防、防洪、抗震等。這六大系統中，有的很容易看見，比如道路、通信、水電煤衛，有的不容易看見，比如防洪、抗震這樣的防災系統。在稍微大一點的城市，這六大系統缺一不可，否則城市無法運轉。

城市基礎設施網絡，不僅複雜，而且昂貴。比如說地鐵，修地鐵的成本是很高的，一公里要 5 億元，地質情況複雜的甚至要 10 億元以上，修完了還要運營和維護，沒有運營和維護就沒有人，就變成地下藏污納垢的地方了。賬面上看，世界上很多城市的地鐵都不賺錢，靠財政補貼維護。那麼，如何修成這麼昂貴的地鐵，又如何運營和維護呢？

秘密在於人口的密度和流量，以及背後的經濟活動的密度和流量。一條地鐵線，如果有很大的客流量，就說明這條地鐵線是被需要的，地鐵的成本就可以通過流量來分攤掉。這個分攤不僅僅是地鐵票，還包括地鐵沿線的資產的升值。

比如，地鐵沿線特別是地鐵口的房子會很貴，政府通過土地出讓金和稅費，很容易籌集到大量的資金。再比如，地鐵站出口附近，是客流量很大的區域，有客流就有商業，這些商業的區位好、利潤大，租金和稅費也就高，這也是政府的收入來源。

所以，像地鐵這樣昂貴的基礎設施，只有規模較大、有足夠客流量的城市才能負擔得起。沒有人口就沒有流量，昂貴的支出就無法分攤。比如說在農村，修了地鐵沒幾個人坐，就白白浪費了。對於人口密度低的農村而言，公交車、小汽車是更合理的交通方式，可以滿足農民進城的需要，成本低很多。而且，農村通往縣城的公交車的班次不會太多，主要是因為沒有足夠的客流量，公交車的成本無法覆蓋，或者利潤太低不願意持續運營。班次少的意思，就是農民要算好時間，需要的時候不一定有車，也就是犧牲時間和便利。因為隨時滿足交通需求的成本太高了，只能權衡成本和收益。

地鐵的例子告訴我們的核心意思，是人口和經濟密度的重要性。沒有人口和經濟密度，地鐵這樣的基礎設施就是不可行的。從這裏引申，其實城市是一種成本分攤模式。地鐵這樣的基礎設施是好東西，可以便利地提供準時準點的交通。可是好東西不一定能負擔得起，只有人多的地方才負擔得起，因為其成本可以分攤出去。

不僅是地鐵，世界上很多好東西都很貴，都需要分攤成本。舉個例子，大家都希望自己的子女進好的學校，包括小學、初中、高中、大學，好的學校不僅是漂亮的教室、辦公樓、運動場，更重要的是好老師，這些都很貴。好老師不僅是自己學識好，還要認真、努力、負責，喜歡教學，只有這樣教學質量才能提高，這就需要提供很好的激勵，包括收入上的激勵。不提高教師光明正大的收入，提高教學質量就是一句空話，逼著教師們去走偏門。

那麼，怎麼樣才能創辦、運營、維護一個昂貴的學校？還是需要分攤成本，需要很多的學生，而且是有支付能力的家庭的學生。如果學生沒有支付能力，就需要政府給予補貼。可是政府自己是不掙錢的，政府收入只能靠稅費，而只有經濟活力好的區域，稅費才會好，才能負擔得起財政補貼。這樣一看，你就明白為什麼好的學校都在經濟發達的大中城市了。在國外，好學校都在富人聚居區，其實是一個道理。

不僅學校，醫院、劇院、體育設施、高級商場等這些人們喜歡的好東西，都是很貴的，都需要人口和經濟密度的支撐。小城市即便能修建起來，也運營不好，維護不好，因為沒有足夠的人口和經濟流量。在人口稀疏的農村，這些東西更是想都不敢想。

城市的器官：功能機構網絡

進一步問，有基礎設施網絡就行了嗎？還不行。你想，北京統計的常住人口有 2 000 多萬，實際的常住人口可能高達 3 000 萬左右，這麼多人如何生活在一個城市裏？要知道，這比世界上很多國家的總人口還要多。比如說，著名的北歐五國，瑞典、丹麥、芬蘭、挪威、冰島，人口都不到千萬，其中冰島人口只有 32 萬左右。

這就要有一套功能機構網絡，人們才知道辦什麼事情到哪裏去。這樣的機構，包括政府、治安 、醫院、學校、銀行、企業等。這些各種各樣的城市分支機構，履行各種職能，形成一套功能機構網絡。

圖 10–2　城市的器官：功能機構網絡

　　上述兩套網絡，基礎設施網絡和功能機構網絡，集結成城市的一套很複雜的系統網絡。而且，這兩套網絡是互相促進、交互生長的，沒有其中一套網絡，另一套網絡也建立不起來，即使建起來也無法維持。

　　有了這個骨架會怎樣呢？城市的骨架之上，生長出來的是精彩的文明，我管它叫"眾生協作，各得其所"。各種各樣的人，醫生、科學家、演員、藝術家、政府官員、各種職員，都可以在城市裏找到自己的位置，只要有一技之長，都可以安身立命。只要你願意努力，就可以找到機會。城市成為人類文明的容器，就是因為有這樣的包容性。

這種包容，還體現在對低技能人口的吸納上。城市只有高技能人口是不行的，還要有低技能人口，還要有做家政的、做餐飲的、做保安的、送快遞的，這裏面離開誰都不行，都會帶來不方便。我們現在政策取向有一條，叫城市升級轉型、產業轉型，似乎大城市就不需要低技能人口，這是完全錯誤的，一個健康的城市一定是要什麼人都有的。所謂高技能人口，就是需要別人服務的人口。所謂低技能人口，就是提供低技能服務的人口。

在城市的複雜網絡上，需要各種各樣的人，而且這個網絡越複雜，創造的就業機會就越多。因為大家都是分工協作的，你有需求，你的需求就創造了別人的就業。而且隨著技術的進步，許多新的需求是會出現的。快遞以前是沒有的，美國都沒有這麼發達的快遞行業。離開了這麼多快遞小哥，那麼多喜歡網購的人，該有多麼不方便，商家也很不方便，成本會高很多。

這樣看來，城市就像是一個有機生命體，是可以生長的。基礎設施網絡是骨架，功能機構網絡是器官，芸芸眾生是細胞。骨架、器官、細胞互相依賴，共同構成了城市有機體。城市文明的生長，依賴於這個有機體各個部份的健康活力。

第十一章

城市的本質：有機生命體

一直想給城市找個好的定義，遍歷文獻，卻不可得，只好暫時滿足於一句基本特徵的描述：城市是一個有機生命體。城市有兩套網絡，基礎設施網絡和功能機構網絡，雙網疊加形成雙螺旋結構，構成了城市的基因，決定了城市的生長和發育。

城市之於文明，是容器，也是坐標。迄今為止人類最有趣的故事，都發生在城市裏。人類的文明史，就是一部城市發展變遷的歷史。每一次文明的繁榮，都會留下一座繁華的城市。這些城市一起，穿越時間的長河，連成歷史的坐標。

　　需要追問的是，為什麼城市有這樣的魔力，承載了文明的故事，確立了文明的坐標？這個問題在我腦海裏已經停留很久，揮之不去。或者，一個人一旦開始思考這樣的問題，就很難再思考其他問題了。

　　理解事物的本質，最快捷的辦法莫過於從定義出發了，因為好的定義可以直擊事物的本質。不過，翻閱了很多文獻之後，卻發現我們對於城市的本質，並沒有特別深入的理解，甚至不能給城市下一個令人滿意的定義。

　　比如說，于光遠主編的《經濟大辭典》，把城市定義為："城市是人口集中、工商業比較發達的地區。"這個定義非常簡明扼要，有兩個關鍵詞，一是"人口集中"，二是"工商業比較發達"。說城市是人口密集、工商業發達的地區，是和農村相對而言的，農村是人口稀疏、以農業為主的地區。這個定義，優點是簡明扼要，缺點是沒有提到城鄉差別背後的機制。

　　比如說，為什麼城市工商業發達而農村不發達？為什麼城市人口集中而農村人口稀疏？從農業供養人口的角度來說，農業種植需要大面積鋪開，所以農村無法聚集，大概是說到了其中一點。但是這個解釋說了農村難聚集，沒有說城市為什麼會聚集，更沒有說為什麼有的城市會聚集得很大，有的城市卻停滯不前。

簡單說，這個定義是描述性的，描述了城市的兩個重要特徵，但是沒有回答城市發展的一些基本問題，比如：為什麼會有城市？城市是如何發展起來的？什麼樣的城市能夠發展壯大？等等。

美國城市學者愛德華‧格萊澤也給城市下了一個定義：城市是人、公司之間物理空間的消失，代表了接近性、密度和親近性。（Cities are the absence of physical space between people and companies. They are proximity, density, closeness.）這個定義的要點，依然是描述城市的特性，也就是距離縮短、密度增加、交流增加。

格萊澤強調物理空間距離的縮短和人口密度的增加，這和前面《經濟大辭典》強調的"人口集中"實質上是一樣的。在格萊澤的概念中，密度的增加帶來便利的增加、效率的提高，這是城市的奧秘所在。不過，格萊澤的定義依然是描述性的，並沒有回答密度為什麼會增加，如何增加的問題。格萊澤是哈佛大學著名的城市經濟學家，曾寫過無數的城市經濟學論文，以及一本書叫《城市的勝利》，這個定義就是在這本書中給出的。

對於密度的強調，也見諸經典作家的筆端。馬克思、恩格斯就曾經這樣寫道：城市本身表明了人口、生產工具、資本、享樂和需求的集中；而在鄉村裏所看到的卻是完全相反的情況──孤立和分散。馬克思和恩格斯講述的城市與鄉村的區別，其實也是集中與分散。兩位經典作家指出的農村的"孤立和分散"的特點，與老子所說的"鄰國相望，雞犬之聲相聞，民至老死，不相往來"，頗有相像之處。而費孝通先生描述的鄉村，則是千年不變，各家各自為政，不相往來，與老子的描述也是一脈相承。

由此引申，倘若鄉村的特點是"孤立和分散"，城市作為鄉村的對立面，其特點就是"連接與集中"。這一點，在英國城市經濟學家 K. J. 巴頓的定義中有更加直接的表述：城市是一個在有限空間地區內的各種經濟市場——住房、勞動力、土地、運輸等——相互交織在一起的網狀系統。

巴頓的定義雖然也是一個描述，但是將城市描述成一張網，更加突出了城市的網絡屬性，看起來是個進步。城市之所以能夠集中，是因為形成了一個網絡，在大大小小的網絡節點上，人們找到了自己的位置。

不過，作為一個經濟學家，巴頓眼中的網絡，是各種市場的網絡，包括住房、勞動力、土地、運輸等。我們稍微想一下就會知道，城市是個多維的複合體，經濟屬性之外還有很多其他屬性。比如，盧梭就曾經說過：房屋只構成鎮，市民才構成城（Houses make a town, but citizens make a city）。盧梭這句話，強調的是城市的人文和治理屬性。

再比如，城市還有重要的軍事屬性。在古漢語中，"城"與"市"最初是兩個不同的概念，"城"指一定地域上用作防衛而圍起來的牆垣；"市"則指進行交易的場所，是商品流通的中心。關於"城"，《墨子·七患》給出了定義"城者，所以自守也"，《管子·權修》亦云"地之守在城"，《吳越春秋》亦有"築城以衛君，

從工業化到城市化——未來 30 年經濟增長的可行路徑

造郭以守民"的記載。不僅在中國，在國外也是這樣。據美國城市史學家劉易斯·芒福德考證，"直到 18 世紀，在大多數國家中，城牆仍是城市最顯著的特徵之一"。

這些文獻說明，古代城市首要的屬性是安全屬性。古代的城，往往首先是個軍事要塞，然後才衍生出交易的市場和其他。略微引申一下，這一軍事和安全屬性背後，其實是政治屬性，因為人類社會的大部份時間裏，政治和軍事是關聯在一起的。古今中外，城市往往是政權和軍事的節點。單純靠商業發展起來的城市不是沒有，但是很少。

關於"市"，《周易·繫辭下》中記載"日中為市，致天下之民，聚天下之貨，交易而退，各得其所"，《孟子·公孫丑》亦有記載"古之市也，以其所有，易其所無，有司者治之耳"，《管子·小匡》則記載"處商必就市井"。"城"與"市"兩個詞組成新的詞"城市"，說明一定的地域空間與其上的人口與經濟結合起來，才構成城市。

劉易斯·芒福德也曾給城市下過一個定義，強調了城市的多維屬性和多重功能：城市不只是建築物的集群，它更是各種密切相關並經常相互影響的各種功能的複合體——它不單是權力的集中，更是文化的歸極。

芒福德的定義有一點抽象，但是更加深入。芒福德想區分的，是城市的表象與本質。密集、人眾、城牆、建築，這些只是城市的表象；功能、權力、文化，才是城市的本質特徵。芒福德沒有從任何單一的角度去理解城市，更沒有把城市定義為人口、經濟，或者建築的集群，而是著重探究城市背後的複雜關係。從這個角度出發，芒福德想問的問題其實是：城市為什麼能夠聚集起來？

從上面的討論中，我們可以看出城市的定義包含以下要點。（1）城市產業以工商業為主，相對應的農村是以農業為主。（2）城市的典型特徵是連接和集中，農村的典型特徵是孤立和分散。（3）城市是多個市場交織形成的網絡。（4）城市不僅僅是市場網絡，還是重要的政治、軍事、安全節點。（5）城市是功能的複合體。（6）城市是文化的歸極。

至此，我們大致知道了"什麼是城市"，但依然不知道"為什麼會有城市"，換句話說，我們獲得了一個城市的"靜態畫像"，但是依然不知道城市發展的"動力機制"。只有了解了這個動力機制，我們才能明白"城市為什麼會發展？"，"什麼樣的城市會發展？"，也才能回答開篇提出的問題：為什麼城市是人類文明的坐標？

要回答這個問題，我們不妨回想一下上一章的分析：城市就像是一個有機生命體，是可以生長的。基礎設施網絡是骨骼，功能機構網絡是器官，芸芸眾生是細胞。從這個角度看，城市成為人類文明的容器和坐標，是因為城市自身的生命力，能夠生長。不能生長、演化的事物，不管一眼看起來多麼強大，也不能吸納文明進步的成果。

說到這裏，事情就逐漸明瞭了。城市能成為人類文明的坐標，現代經濟的載體，是因為城市是和人類文明一起生長的。具體說，城市不僅能吸納文明進步的成果，還把這些成果記錄在自己的基因中，並隨著文明的進步而生長。城市的基礎設施、建築、主要設備，記錄著當時最先進的科技文化成果。城市的功能機構，比如教會、政府、公司、行會等，記錄著當時最先進的制度成果。不僅如此，城市還用文字資料把這一切整理下來，以備後人學習、使用、改進。通過這些記錄，城市保留了人類文明最優秀的發現，隨著人類文明一起進步。

從這個角度看，城市真的像有機生命體。城市的基因，是兩套網絡結構，一套是基礎設施網絡，一套是功能機構網絡，雙網疊加形成經濟和社會發展的雙螺旋結構。城市的這一雙螺旋結構，就像是生物體的基因，記錄著一個城市迄今為止的所有文明成果，也決定了一個城市未來的生長和發育。

至今，我們就明白了城市的本質。靜態看，城市有一系列特徵，包括政權的節點，人口和工商業的聚集，多個市場的網絡交織，功能複合體。動態看，城市是生長的生命體，基礎設施網絡和功能機構網絡記錄了城市生長演化的歷程，是城市生長的基因。當我們不把城市當作鋼筋、水泥、產業去設計、發展，而是把城市當作生命體來觀摩、敬畏，我們看待城市的眼光，就有了很大的不同。

第五篇

城市的未來

第十二章

向城市聚集：永遠的進行時

我國的城市化率和大城市化率還很低，進一步向城市聚集還有很大的空間。而且，聚集度很高的發達國家，人口依然在向大城市聚集。向城市聚集，永遠在路上。

前面講到，城市是現代經濟的載體，人口向城市聚集是現代經濟的必然要求。下一個問題是，我們的城市化未來還有多大的空間，城市化的方向是什麼？

梳理目前的資料和狀況，我的基本判斷是，我國城市化的空間還很大，聚集不會停止，而且是永遠在進行中，未來的方向是大城市會進一步發展，城市間的人口也會不停交織流動。在主要大城市的周圍，可能會形成城市群。

我們可以從三個方面理解這個問題，分別是城市化水平、城市化結構和高城市化水平上的進一步城市化。

首先，從城市化水平看，城市化空間還很大。目前我們國家城市化率還是比較低的，2018 年只有 59% 左右，發達國家已經達到 80%，所以我們收入進一步增長的話，這個空間還有 20 個百分點以上。根據很多國家的經驗，到 70% 這個點是個拐點，很多國家上升到 70% 就完成了快速城市化，再往上增長到 80%、90% 的時候速度會變慢，中國還沒有到達這個點，未來快速上升的空間還很大。

進一步說得細一點，我們國家的城市化率這個數據，是需要斟酌的。我們看的是常住人口，還有一個是戶籍人口，戶籍人口的城市化率低很多，現在剛過 40%，也就 41% 左右。這樣看的話，空間就更大。倘若把非戶籍常住人口算作 "半城市化"，我們 2016 年的城市化率在 49%。從這個角度看，目前的有效城市化率，還是很低的。

圖 12-1，是全球十大經濟體的城市化率。我們可以看到，大部份國家的城市化率都比我們高，印度是唯一的例外。但是印度的人均收入只有我們 1/5，不好比。換句話說，印度的城市化還沒有真正起飛，城市化率低是正常的。如果看一些其他主要大經濟體的城市化率（阿根廷、墨西哥、澳大利亞、沙特、土耳其、韓國、南非、俄羅斯等），絕大多數比我們高很多。

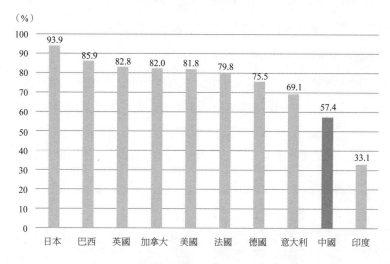

（%）

圖 12-1　十大經濟體城市化率（2016 年）

發展中國家中，印尼、泰國的城市化率比我們低一點，在52% ～ 54% 的水平。這兩個國家都是典型的陷入中等收入陷阱的國家，經濟很早就起飛了，但是人均收入一直在中等收入水平上徘徊，沒有進入高收入國家的行列。中等收入陷阱的原因很複雜，眾說紛紜，從有限的國際經驗上看，和城市化停滯不前是聯繫在一起的。再回過頭來看我們國家，城市化並沒有發生停滯現象，局勢正在扭轉，城市化正在取代工業化，變成經濟發展的主發動機。

其次，從城市化的結構上看，我國的城市依然有很大潛力。所謂城市化的結構問題，是大城市、中城市和小城市的比例問題，以及城市聚集的形態（比如城市集群）。數據表明，我們國家的大城市率還是比較低的。我們國家百萬以上城市人口佔全國人口比重是24%，跟其他國家相比還有很大的差距。（見圖 12–2）日本、澳大利亞在 70% 左右，韓國、加拿大、美國在 45% 左右。相比之下，我們的差距太大了，人口還有很大的聚集空間。即便考慮到我國大城市人口的低估，這個基本判斷也不會改變，因為我國有 13.7 億

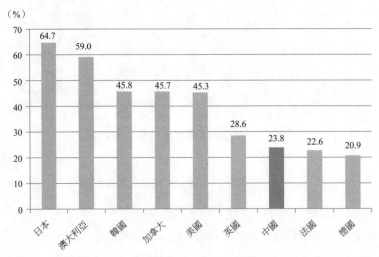

圖 12–2　九國百萬以上城市人口佔比（2015 年）

從工業化到城市化——未來 30 年經濟增長的可行路徑

人口，大城市率與韓國、美國、加拿大等有 21% 之多的差距，意味著要有 2.9 億人口的低估才能持平。

　　大城市率比我們低的是德國、法國，這兩個國家的大城市率低，是歷史的、財政的原因，和中國不太好比。比如說，它們有悠久的封建傳統，權力非常分散，財政資源也很分散。而我們國家從秦統一六國開始，2 000 多年來一直是統一的集權國家，財政資源也很集中，資源分散不是我們的方向，我們的發展更可能向大城市集中的方向靠攏。

　　很多人會擔心，我們國家的大城市已經人滿為患，還能聚集多少人？用什麼收入來養活這些人？我們來看圖 12-3，這是一些大城市的經濟密度，也就是大城市建成區每平方公里的經濟產出。

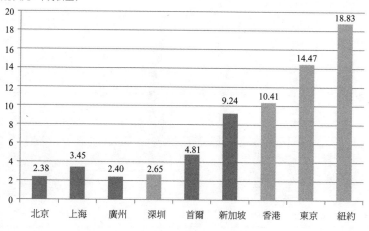

（億美元／平方公里）

圖 12-3　九個大城市經濟密度

中國北上廣深平均是 2.7 億美元左右，在國內名列前茅，但是與世界上其他大都市相比還有很大的差距。比如，首爾達到 4.81 億美元，比我們高約 3/4，新加坡達到 9.24 億美元，香港達到 10.41 億美元，都是我們的 3 倍多，東京 14.47 億美元，是我們的 5 倍多，紐約更是高達 18.8 億美元，是我們的 7 倍。這一組數據表明，在給定空間上的產出，我們還有很大的增長空間。如果我們能學習比較好的城市管理，產出增加的空間還是很大的。

事實上，目前城市管理中的困難，是我們上升的空間，為我們指明了方向，而不是作繭自縛的理由。

再來看圖 12–4，是三大都市圈 GDP 和人口的佔比，我國是北上廣深四大城市的人口，拿我們的四大和人家的三大比，我們國家還是比較低的，不管是經濟總量還是人口。大家知道，我國四大城

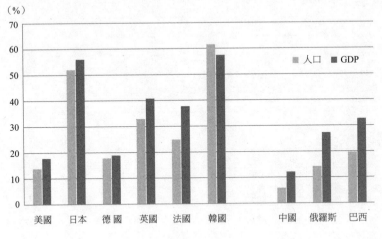

圖 12–4　三大都市圈人口和 GDP 佔比（2015 年）

市的人口，是行政區人口，不僅包含建成區，還包含了周邊的遠郊區。比如說北京，北京很大，總面積 1.6 萬平方公里。因此，綜合起來看，從橫向比較看，我們國家大城市佔比還是很低的，還有很大的上升空間。

最後，我們還可以進一步問，在發達國家的較高的城市化水平上，城市化是不是就停止了？人口聚集就到了止境，不會再增加了？可能也還是沒有。

筆者曾經在日本東京看到鬧市區的摩天大樓樓頂正在施工，在對大樓進行"拔高"操作，也見過在摩天大樓的縫隙間的小塊地上進行施工，建更多的樓。也就是說，在東京這樣人口稠密的大城

圖 12–5　日本東京摩天大樓頂上在施工

市，還需要建更多的房子，因為人口還在漲。

我們大家都知道，日本全境的總人口是在降低的，但東京還繼續在吸納人口，人口在增長。為什麼人往大城市走？就是因為大城市有各種機會，就業機會好，各種設施好，很方便，再加上收入高，所以才吸引人。

再說一句題外話，日本的老齡化很嚴重，日本的很多中小城市被稱作"白髮城市"。什麼意思呢？那地方是只有老人的，年輕一點的都 60 多歲。想一想，如果你是年輕人，你去那地方幹嘛？那種地方好玩的東西很少的，那是專供人養老的地方，你去不合適的，除非你從事的工作是養老相關行業的。所以，大都市吸納人口，尤其是年輕人口，會更有活力，你生活在那個地方會有更多的機會，這就是大城市吸引人的地方。

所以，聚集可能是沒有止境的，是永遠在進行當中的。我們看到的發達國家的高密度、高聚集，只是發展階段的現狀，未來聚集的程度很有可能還是會往上走的。

我們還可以把邏輯再往前推進一步，城市化水平很高了，人口就不流動了嗎？不是的。有的城市會衰落，有的城市會興起，不同的人在不同的城市會找到不同的機會，人口流動是永無休止的。舉個例子，大家都知道"鐵鏽城市"，指的是老的工業城市，隨著工業的衰落，人口開始流出。最近還有一個詞，說的是美國北方寒冷的地方，很多城市人口淨流出，流向南方溫暖的"陽光城市"。

最後，我們來問一個簡單的問題，為什麼這麼多的人口聚集在大城市？道理其實很簡單，就是大城市的人均產出高。大城市人均產出高，就是因為大城市效率高、技術高、成本低，有各種各樣的便利。所以人口向大城市聚集的最根本的原因就是效率高，大城市提供更多方面的便利，人均產出就變高。

第十三章
技術進步會逆轉城市聚集嗎？

人們之間的交流分為不同的層次，淺層的、可標準化的交流，可以用遠程通信取代；深層的、難標準化的交流，還是需要見面進行。而且，技術手段的進步和淺層交流的增加，會派生出更多的深層交流的需求，人們見面的需求會增加。

隨著技術的進步，城市聚集會持續、加劇，而不是逆轉。

前文說到，在人口聚集度已經很高的國家，比如日本、美國，人口依然在向大城市聚集，東京、紐約依然在吸附人口。從這個觀察中，我們隱約看到人口的聚集是沒有止境的。不過，我們也要反過來問：過去人口是往城市聚集的，未來一定會這樣嗎？交通、通信技術的快速進步，會逆轉這一趨勢嗎？

　　這一問題提出的背景，是信息技術的進步，使得很多時候人們不需要面對面就可以完成交流。電話會議、視頻會議設備慢慢成為很多企業的常備設施，很多人甚至可以遠程上班，還需要擁擠在城市裏嗎？虛擬現實常常可以以假亂真，真需要面對面交流的話，藉助現代交通工具和發達的道路系統，人們可以很快見面。未來從杭州到北京的時間可能就是半個小時，那麼未來城市聚集的趨勢會不會逆轉呢？

　　現實中的兩個額外的考慮，使得人們希望城市聚集的趨勢被扭轉。第一個是房價。現在大城市房價這麼高，很多中低收入家庭不堪重負，希望能夠逃離大城市，卸下沉重的住房負擔。逃離北上廣的聲音，在每次房價上漲的浪潮中都會響起來。第二個是城市的擁堵、污染、噪音等不太舒適的因素，使人們開始懷念 "花園城市" 的小鎮生活，甚至 "田園牧歌" 的鄉村生活。

　　關於這個問題，有多種不同的觀點。有的人覺得會逆轉，有的人覺得不會，還有的人覺得中短期和長期的趨勢是不一樣的。在中短期，大概十年二十年，城市肯定會聚集的，因為技術還沒有那麼發達，但是長期看有可能城市會分散，因為城市聚集到一定程度，效率會越來越低，成本會越來越高，對管理水平的要求也會越來越高。同時，技術的發展使小城市發展不受局限，機會和大城市是均等的，虛擬現實技術可以很好地解決教育、通信問題，而且人類攻克了重大的疾病，醫療資源的聚集也變得不重要，城市作為效率和專業化分工的產物可能就不那麼重要了，所以未來會分散。

各種觀點都有，我們如何思考這個問題呢？我們不妨從一個提問開始：技術進步不是第一次發生，過去也發生過，那麼過去的交通和信息技術的進步，是加劇還是扭轉了城市聚集的趨勢？

這個問題問出來，答案是顯然的。人類過去的交通和通信技術的進步，比如馬車、火車、汽車、電報、電話，都加劇了人口向城市的聚集。倘若新的技術不僅不加劇聚集，還逆轉聚集，我們就一定要追問，新技術和老技術到底哪裏不一樣？

先來看交通運輸類技術。一眼望去，所有的交通技術都是為了"旅行更快"，所有的運輸技術都是為了"運輸更多"，新近的技術進步也毫不例外，都是在這個方向上繼續前進。看起來，我們沒有顯然的、確定性的理由認為交通、運輸技術的進步會導致趨勢的逆轉。

再來看通信技術。很多人認為通信技術的新近發展，比如視頻會議、虛擬現實等，使得面對面的交流成為不必要，因此人們可以在物理空間上散開，不需要聚在一起了。真的是這樣嗎？

不妨看看已有的證據。電話的出現，特別是移動電話的出現，使得人們隨時隨地可以溝通，那麼移動電話是減少了人們的見面，還是增加了人們的見面呢？

　　稍微想一想就知道，是增加了，而且增加了很多。沒有移動電話的時候，信息溝通不便，很多時候人們也就不見面了。電話出現了，彼此情況溝通多了，發現很多事情在電話裏說不清楚，反而產生了見面的需求，於是見面反而多了。所以，通信技術的進步不僅沒有替代見面，還引發、創造了更多見面的需求。我們不妨把前者叫作"替代效應"，後者叫作"引發效應"。目前看，引發效應遠遠大於替代效用，移動電話的出現增加了而不是減少了人們的見面需求。

　　另外一個經常討論的案例，是線上教育能夠取代線下教育嗎？現在網上有很多公開課，有的還是免費的，那麼未來"學校"還存在嗎？會不會被替代？

　　我自己是個老師，教書為生，我的體會是很難。為什麼呢？因為學校上課，並不是傳達標準化的信息，更多是對於信息的解讀。如果只是信息的傳達，那麼學生看書就行了，上網就行了，根本沒必要上課。課堂教學要解決的問題，不是唸教科書，而是解讀教科書。而且，很多時候，教科書也不一定很準確，需要批判性理解，這一點對於大學和研究生教育非常重要。知識總是在不斷積累、迭代的，教學更重要的是討論，是學會批判性地理解和吸收信息。這一點，千百年來從來沒有改變，也不會改變。

　　而且，學校的價值，也遠遠不止上課這麼簡單。用一句時髦的說法，學校是個平台，價值遠遠超過授課。學生們一起活動，彼此

　　　　　　　從工業化到城市化——未來 30 年經濟增長的可行路徑

交流，接觸各種新鮮事物，也是學校重要的價值。就大學學習而言，很多時候並不是老師教學生，而是師生互動，甚至是學生教老師，教學相長。

我曾經說過一句開玩笑的話，我說在北京大學這樣的地方，根本不用看老師的水平怎麼樣，學生們是一群聰明的猴子，彼此比賽就能不斷進步。進個好大學，就是找一群聰明的夥伴，彼此激發，共同進步。

學校這個例子，也說明我們對於"交流"這個詞，要有廣義的理解。大家碰在一起，交流的東西可以很多打個電話，或者開個視頻會議，很難替代複雜的交流。而且交流可以創造出更多的交流需求，這就是上文說的引發效應。人類終究是社會性的動物，更多的交流合作，是這個物種的本質需求。

從另一個角度概括剛才的兩個例子，也可以說是人們的交流是分不同層次的。標準化的信息是可以在線上完成的，但是微妙信息的交流是很難的，見面也是不夠的，要反覆多次見面。舉個例子，人們之間的信任，是個奇妙的事情，往往要反覆見面，多次交流，了解彼此的脾氣、品格，才能慢慢建立。你看生意人談生意，不是見面就可以的，要多次溝通，了解對方的脾性，才能知道能不能和對方做生意，能做什麼樣的生意、多大的生意。

剛才是從需求的角度分析，我們發現，人類的交流的需求是沒有止境的，沒有"完全被滿足"的時候。有了這個基本判斷，我們就已經大致明白技術的進步，其實不會滿足人們的所有需求，也不會導致城市聚集的逆轉。那麼，如何供給這麼多的需求呢？

這就回到一個基本的問題，人類的技術不管多進步，每個人每天都只有 24 小時。人們能做的，是盡可能高效使用這 24 小時。隨著收入的提高，時間成本就更貴，這 24 小時就更貴，人們就更不願意把這寶貴的時間浪費在交通上，更加願意聚集在一起，這就是城市。所以，聚集還會繼續。

目前看到的趨勢是，現代各種技術的進步，為建設高密度、宜居的城市提供了可能。紐約最好、最貴的住宅，集聚在中央公園附近，住在這裏既欣賞了城市好風景，又享受了核心區的繁華便利。未來的城市中心，會出現更多這樣的高端住宅。

第六篇

結語

第十四章

新《農村土地承包法》折射的城鄉中國的未來

在下一階段的城市化中，人口將進一步流動、聚集，這在幾個月前修訂的《農村土地承包法》中有明確的體現。未來的城鄉中國的格局，將由現在的五級行政單位〔中央、省、市（地區）、縣、鄉鎮〕，慢慢轉變為三級行政單位，分別是中央、省、市。鎮作為市的派出單位而存在，村從來不是一級行政單位。在城市化時代，鄉村將逐漸消失，聚集成鎮。

2018 年 12 月 29 日，全國人大常委會通過了關於修改《中華人民共和國農村土地承包法》的決定。在眾多的法律修改中，《農村土地承包法》毫不起眼，遠遠比不上《證券法》《土地管理法》《房產稅法》引人注目。但是，《農村土地承包法》的修訂，卻折射了未來中國的城鄉格局。

兩條主要修訂：農村土地三權分置，承包期延長 30 年

法律的條文很長，修訂的地方很多，最關鍵的修訂有兩處，第一處是土地承包到期後，再延長 30 年。目前的農村土地承包，將在 2027 年到期。再延長 30 年，也就是到 2057 年後，中國的工業化和城市化，還會大幅發展，整個社會的面貌，會發生天翻地覆的變化，農業在國民經濟中的比重，不會超過 5%。從經濟體量和農業佔比上講，所謂的三農問題，會隨著經濟的增長而慢慢被消化掉。所以，一定意義上講，延長 30 年和永久承包，也沒有太大區別。

第二處關鍵修訂，是從法律上確立了"三權分置"的制度，也就是農村土地所有權、承包權、經營權的"三權分置"。根據現有法律體系，農村土地的所有權，屬於農民集體所有，但是由本集體經濟組織的成員承包經營。這裏是"兩權分置"，是"所有權"和"承包經營權"的分置。這次修法的變化，是進一步把"承包經營權"分解為"承包權"和"經營權"，由"兩權分置"變成了"三權分置"。

修訂的實質：鼓勵農民進城落戶，促進土地和人口流轉

從 "兩權分置" 變成 "三權分置"，是這次修訂的重點，我們先來舉個例子。比方說我是某村的村民，村裏的地屬於村集體所有，我可以依法承包 3 畝地。以前呢，這 3 畝地我只能自己種，或者轉包給別人種，或者送給親戚熟人種。但是我不敢遠走高飛，要常回家看看，怕人不在村裏，這個地就沒了。修法以後，這個擔憂沒有了，因為這個承包權，變成了我作為這個村成員的權利，是附著在我身上的，而且長久不變。

這個修訂，其實是這次修訂的核心和實質。為了這個修改，新版《農村土地承包法》專門增加了一條，作為第九條："承包方承包土地後，享有土地承包經營權，可以自己經營，也可以保留土地承包權，流轉其承包地的土地經營權，由他人經營。"

而且，這個權利不僅是明文規定的，還制定了相應的保障措施。新版的《農村土地承包法》第二十七條明確規定："國家保護進城農戶的土地承包經營權。不得以退出土地承包經營權作為農戶進城落戶的條件。" 這句話什麼意思呢？就是村民可以一邊進城落戶，一邊繼續享有村集體土地的承包經營權。法律明文這麼規定，顯然是針對現實中普遍存在的進城失地的擔憂，無疑為村民進城落戶解除了後顧之憂。

如果農民進城了，他的承包權和經營權怎麼處理呢？新版《農村土地承包法》第二十七條進一步規定："承包期內，承包農戶進

城落戶的，引導支持其按照自願有償原則依法在本集體經濟組織內轉讓土地承包經營權或者將承包地交回發包方，也可以鼓勵其流轉土地經營權。"這裏強調了"自願有償"原則。在這個前提下，農民有三個選擇，一是保留承包權和經營權，二是保留承包權，把經營權流轉出去，換取部份收入；三是把承包權和經營權都流轉出去，換取更多收入。

　　說到這裏，情況就很清楚了。這樣修訂之後，農民進城的顧慮就少了很多，作為村集體成員的利益不受損，同時可以進城分享城市化的好處，人口向城市的流動，會因此順暢很多。可以想像的一種做法，是承包權、經營權都可以變成股份，農民帶著股份進城，獲得分紅收入。這樣，土地、勞動力這兩大要素的流轉，就大大增加了，這兩種基本要素的有效供給，也就大大增加了，對於未來的城鄉發展，也會有好處。

修訂的背後：發展階段和政策思路的變化

　　現在，我們可以回過頭來，問一些更深層的問題。為什麼《農村土地承包法》的修訂很重要？既然重要，為什麼之前不修訂，到現在才修訂？這和我國的經濟發展階段，以及現實的政策需求，都是直接相關的。

　　以前，城市化率不高，農村有大量人口，當時的政策變化，是從不允許農民進城，到允許農民進城打工。1992年鄧小平的南方談話，開啟了這個大幕。浩浩蕩蕩的農民工大軍，就是這個政策變化的產物。

到了 2018 年，我國的城市化率已經很高，達到 59.6%。考慮到人口流動的統計有遺漏，實際的城市化率可能更高，勞動力日趨緊張的情況已經發生了。這時候的政策傾向，進一步轉變為鼓勵農民進城。不僅鼓勵農民進城，還鼓勵農民進城落戶，變成市民。

這一變化，是兩個力量共同作用的結果。第一個是剛才講的，為城市經濟發展提供更多勞動力，第二個則是農村和農業本身發展變化的需要。這個新的變化和需求，可以概括為"規模生產，規模居住"。

所謂規模生產，是農業生產必須上一個規模，否則難以持續。簡單算一筆賬，一畝農地一年的收入，平均來說在 500 元左右。一個農民要種 20 畝地，才能達到 10 萬元的年收入，否則就不如進城打工。考慮到進城之後的各種便利，城裏收入增長比農村快，以及農業生產風險大等因素，你至少要給農民 40 畝地，他才可能願意長期種地，安心種地。所以，農業生產必須上一定的規模，否則農業生產積極性會受影響，糧食安全也會出問題。承包經營權的分離和流轉，可以使得土地慢慢聚集到願意種糧、善於種田的人手裏，實現規模經營。

與"規模生產"相對應的，是"規模居住"。以前農民多，農業生產規模小，農民住在很分散的村裏。這種分散的居住和小農經濟相適應，但是在規模農業時代，會產生兩個問題。

問題之一，是佔用了大量的耕地。現在很多農村，有大量的住宅，但是沒有人住，常年空在那裏，不僅浪費了建房的各種支出，也浪費了土地。以後農民數量會更少，這種情況會更嚴重。

　　問題之二，是農村地廣人稀，所有的基礎設施使用率都很低，因此提供基礎設施變得不劃算。不劃算就會不提供，至少是提供不足，因為運營的成本太高了，提供足了，又會造成很多浪費。比如說，現在很多農村的中小學，學生很少，因為孩子都到城裏上學去了。這樣一來，農村的學校就很難持續辦下去。

　　客觀的要求，是未來的農民聚集到少數鎮子上。這樣有兩個好處，一是減少對耕地的佔用，二是農民聚集在鎮子上，可以集中修路、供水、供電、供氣，以及提供學校、醫院、移動通信信號塔等現代生活設施。否則，農村很分散，這些基礎設施的成本都會很高，反過來導致農村缺乏基礎設施。農村的基礎設施向來比城市差很多，其實就是這個道理。

未來中國的城鄉格局

　　剛才的討論，指向一個重要的結論，就是鄉村作為傳統中國最基本的社會單元，會慢慢消失，人們會逐步聚集到少數的鎮子上。未來的最基本行政單位，也會慢慢變成鎮。鄉土社會的解體，是工業化、城市化的必然結果。從 1990 年到 2017 年，我國自然村的數量，從 377 萬減少到 317 萬，減少了 16%，行政村的數量，從

101.86 萬減少到 59.65 萬，減少了 59% 多。鄉土社會的解體，早已經在發生了。

表 14-1　各年（1990、2006、2016）地級以下行政區劃數量

	1990 年	2006 年	2016 年
地級行政區劃	151	333	334
地級市	185	283	293
縣級區劃	1 903	2 860	2 851
市轄市	651	856	964
縣級市	279	369	360
鄉鎮級區劃（萬）	4.44	4.10	3.97
行政村（萬）	101.86	63.70	59.65
自然村（萬）	377	330	317

注：地級行政區劃包括地區、盟、自治州、地級市，縣級行政區劃包括縣、自治縣、旗、自治旗、縣級市、市轄區、林區、特區，鄉級行政區劃包括鄉、民族鄉、鎮、街道、蘇木、民族蘇木、縣轄區公所。

數據來源：國家統計局歷年統計年鑒和歷次農業普查數據。

進一步，因為體量較小，鎮的基礎設施還是會相對薄弱，鎮雖然可以作為最基本的居住單元，但是效率並不高。最基本，同時又比較有效的居住單位，其實是縣城。而鎮，不過是縣城的派出單位，並不是一級獨立的、完整的行政單位。大家都熟悉一個詞叫"派出所"，是公安系統的基層組織，是上級公安機關的派出機構。以後的鎮政府，也會是縣級政府的派出單位。而縣，將是神州大地最重要的基本行政單元。歷史上，縣一直是最基本、最重要的行政

單位。

　　再進一步看，隨著土地和人口流動的理順，城市化會進一步推進，人口會更多向城市聚集。以後的行政系統，很可能是以城市為單位，而不是以現在的地區、縣為單位。縣將慢慢演化為市，以市為中心，輻射周邊的農村地區，形成城鄉一體化的網絡系統。再考慮到中國的幅員體量，國土面積有 960 萬平方公里，人口總量超過 14 億，省作為一級行政單位很重要，會繼續存在，但是地區、縣、鄉，將慢慢被市取代。

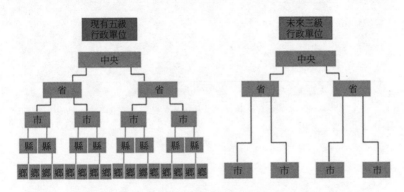

圖 14–1　現有五級行政單位將轉變為三級行政單位

　　總體上看，現在的五級行政單位 [中央、省、市（地區）、縣、鄉鎮]，會慢慢向三級行政單位演化，分別是中央、省、市。市可大可小，是基本的行政單元，大城市分區，小城市不分區。鎮作為市的派出單位而存在，和城市裏的街道是一個概念。村從來不是一級政權，過去不是，現在不是，未來更不會是。

未來已來。這次《農村土地承包法》的修訂，已經把未來折射得很清楚。億萬家庭，在規劃未來的時候，也要考慮這個基本格局的變化。修訂後的《中華人民共和國農村土地承包法》，已經於2019年1月1日施行。

第十五章

從工業化到城市化：中國改革開放的一個觀察視角

從工業化到城市化，是對我國經濟發展歷史路徑的概括，也是觀察中國經濟社會變遷的一個視角。目前城市化滯後於工業化，恰恰指出了未來發展的方向。中國要完成經濟轉型，就要讓城市接力工業，成為經濟發展的關鍵詞。基於城市的理論很不完備，需要摸索建立新的理論體系。

在經濟下行、房價上漲的全民焦慮之中，中國的改革開放走過了40週年。這40年中間，世界和中國都發生了天翻地覆的變化。世界經歷了前所未有的經濟一體化和金融自由，中國則從1978年的"一窮二白"，發展成2018年的全球第二大經濟體。

　　中國做對了什麼，下一步該怎麼走？"中國奇跡"的背後到底是什麼？這個"奇跡"的下半場將是什麼樣的局面？每個焦慮的中國人都在思索、等待一個答案。在上一年"北京清退"的整理中，在經濟減速的背景之下，這種不安沸騰到了一個頂點。

　　作為觀察者和記錄者，作為研究經濟變遷和城市發展的學者，我不是預言家，我沒有預知未來的水晶球。我所能做的，只是從純粹理性的角度，梳理這40年的邏輯和拐點。

　　本章羅列的是過去20年思考中國經濟路徑的一些要點，其中包含了對於一些似是而非的理論的批評。談不上什麼體系，漏洞肯定很多，需要填充的內容也很多，只希望能為未來的研究，帶來一點啟發。

"工業化先行，城市化接力"：中國發展道路的極簡概括

　　21世紀以來，我國經濟增長速度先升後降，呈現"倒U形"格局，頂點在金融危機之前的2007年。金融危機以後，我國經濟增速持續下行，一路跌破10%、9%、8%、7%四個關口，趨勢上還可能下行。經濟增速的持續下行，凸顯過去的經濟增長方式不可

持續，急需尋找新的經濟增長動能。

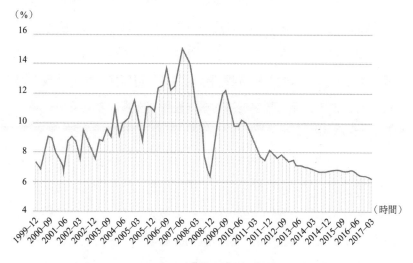

圖 15-1　中國 GDP 增長率（1999–2017 年）

　　站在這個歷史的時點上，倘若我們梳理過去，展望未來，我國改革開放的歷史過程和未來方向可以歸納為"從工業化到城市化"。

　　先實現工業化，再轉向城市化，在我國的歷史環境下，有其歷史的和現實的合理性。目前看，城市化率還很低，大城市人口佔全國人口的比重也很低，城市化還有很大空間，我國的經濟增長還有很大潛力，動能來自進一步的城市化，以及城市格局的進一步改善。

　　光榮與夢想歸於工業化。改革開放以來我國的經濟成就，根源在於快速實現了工業化。快速的工業化，為我國帶來了近 40 年的快速經濟增長，使我國成為全球第二大經濟體，全球最大的貿易體，全球的製造業基地。在基本實現了初級和中級的工業化以後，我國的工業製造技術取得了長足進步，為向高級的工業化邁進打下了基礎。我國已經建成的工業化基礎，使得我國具備了相當的經濟硬實力和技術軟實力，使得我們有條件、有可能抓住工業升級、智能製造、人工智能、數字經濟的歷史性機遇，實現產業持續升級，成為經濟強國。

由於歷史的原因，我國走出了一條"工業化先行，城市化接力"的發展道路。"工業化先行，城市化接力"，是我國改革開放歷史進程和未來方向的極簡概括。在很多其他國家，工業化和城市化是伴生的，同時發生的，沒有明顯的先後順序。我國的這一特殊發展路徑，有其歷史的和現實的原因。

工業化和城市化是相輔相成的。落後國家的工業化，由於可以借鑒發達國家的成熟技術，接入發達國家的成熟市場，可以快速積聚資源，快速動員勞動力和籌集、積累資金，倘若政策得當，有可能實現快速的工業化。亞洲"四小龍"和我國已經取得的經濟成就，充分證明了落後國家快速實現工業化的可行性。

工業化取得長足發展以後，就為城市化的進一步發展奠定了經濟基礎、技術基礎、人力資源基礎。城市化接力工業化，是經濟發展客觀規律的要求。城市是現代經濟的載體，是技術創新、產業升級、消費升級的容器，能夠為經濟增長帶來新動能。

工業化快速發展的過程，必然伴隨著城市的發展。我國的城市化率，已經從改革開放初期的 20% 左右，上升到目前的 59% 左右（2018 年數字）。儘管如此，我國的城市化依然滯後，常住人口城市化率有 59%，但是戶籍人口城市化率只有 41% 左右，離發達國家 80% 左右的城市化率還有很大的距離，離 70% 的快速城市化拐點也還有很大的距離，農民工市民化還有很大的空間。

過去已去，未來已來：城市化接力工業化，成為經濟增長新動能

2013 年開始，我國經濟增長發生重要變化，由工業化主導，轉型為城市化主導，集中表現為經濟增長速度的"三個反超"，房地產價格的"一個分化"，和服務業部門的"一個主導"。

首先，不同規模城市的經濟增長速度呈現"三個反超"：大城市經濟增速反超中小城市，消費型城市增速反超投資型城市，服務型城市增速反超製造型城市。背後的原因，是大城市基礎設施好，創新能力強，市場發育完善，內生的增長動力強，能夠更好地對抗經濟下行。在經濟下行時期，大城市能夠更好地起到經濟自動穩定器的作用。

其次，房地產價格發生了"一個分化"：房地產價格，由以前的大、中、小城市"同漲同跌"，轉變為"大城市大漲、中城市小漲、小城市基本不漲"。這一分化，與人口流動方向的變化一致。從 2013 年開始，儘管大城市的人口控制政策趨嚴，但是難改人口向大城市聚集的規律，人口加速向大型城市聚集，中小城市人口流入速度減弱。

最後，服務業部門超過工業部門，成為國民經濟的主導部門。2013 年，第三產業在國民經濟中的比重達到 46.7%，超過第二產業的 44%，第一次成為國民經濟的主導部門。然後一直上漲，到了 2018 年，服務業佔 GDP 的比重，已經達到 52%。服務業為主的經濟時代，已經悄然到來。

國民經濟的這一系列重要變化，反映了經濟發展的客觀規律，也代表了未來經濟發展的方向。我國目前的人均產出已經達到 9 000 美元左右，早已經是中高收入國家，離高收入國家的標準只有一步之遙，而且是全球第二大經濟體。綜合看，快速工業化的階段已經過去，城市化接力的時代已經到來。未來的精彩故事，都將圍繞 "城市化" 這個主題發生。

"工業化超前，城市化滯後"：中國經濟結構的根源性特徵

目前我國經濟結構的基本特徵，是 "工業化超前，城市化滯後"，表現為工業化率偏高，城市化率偏低。比如說 2015 年，我國的城市化率與工業化率的比值是 1.4，世界平均是 2.0，發達國家平均是 3.4。這一比率衡量的是工業化與城市化的相對發展程度，從這一比率看，我國的工業化程度遠超城市化水平。

"工業化超前，城市化滯後" 這一基本特徵，有其歷史的和現實的原因。一方面，我國工業化進程很快，工業化程度已經很高。

在改革開放的過程中，我國通過發展民營企業，引進外資企業，加入世界貿易組織等一系列措施，接入世界市場，快速積累技術、資金，與我國的勞動力優勢結合，快速實現了工業化。在條件具備的情況下，工業的特點是可以快速複製，發展進程可以非常快。相比較之下，城市是複雜的有機體，難以通過簡單複製快速進行，相對滯後有其一定的客觀必然性。另一方面，我國 "城鄉二元" 的經濟制度，減慢了人口從農村向城市遷移的速度，延緩了城市化的進程。

"工業化超前，城市化滯後" 這一基本經濟結構特徵，是我國一系列經濟結構扭曲的根源，包括投資佔比大，消費佔比低，出口佔比大，服務佔比低。這些結構問題之間的關係，在前面章節中已經逐一詳細解釋。這裏想要說明的是，這些結構扭曲，根源在於工業化的相對超前和城市化的相對滯後，是我國經濟增長的階段性特徵。倘若我國城市化可以進一步發展，這些結構扭曲將逐步得到修復。

實施低成本、可持續的城市化戰略，建設包容、高效、宜居城市

黨的十九大報告指出，中國特色社會主義進入新時代，我國社會主要矛盾已經轉化為人民日益增長的美好生活需要和不平衡不充分的發展之間的矛盾。改善人民生活，滿足人民日益增長的美好生活需要的根本途徑，是實現高質量、可持續的經濟增長。實現這一美好目標的根本抓手，是順應經濟規律，節約經濟發展和城市建設的成本，實施低成本、可持續的城市化戰略，建設包容、高效、宜居的城市。

要科學認識城市建設中收益與成本之間的辯證關係。大城市的設施雖然昂貴，建設成本高，但是因為有大量的人口和經濟流量的支撐，可以持續分擔這些成本，反而是可持續的。小城市的初期建設成本低一些，但是人口吸納能力也低，服務的人口數量和經濟流量也低。相對於後期提供的服務流而言，小城市的設施反而是昂貴的，難以持續的。

低成本、可持續的城市化戰略，要求發展大城市和城市群，提高城市整體效率和可持續性，不能片面強調小城市、小城鎮初期建設的低成本，忽視後續發展中的高成本。小城市的這種低成本，是表面的、靜態的，長期看是昂貴的、不可持續的。

要加大和優化大城市的基礎設施投資，提高城市管理水平，提高城市承載力。不能因噎廢食，因為城市建設和管理能力的不足而排斥外來人口，阻礙城市化進程。經驗證據表明，沒有外來人口的城市，是沒落的城市，是不會有活力的，更不會有創造性。

要推進人口城市化，除個別特殊城市的特殊區域，應盡快放開落戶限制，讓農民工融入城市，從城市的過客轉化為城市的市民，更好地推動城市發展和進步。建議實施"有檔次之差，無身份之別"的基本公共服務覆蓋制度，緩解財政壓力，利用新增人口產生的經濟增量，動態化解決新增城市人口的基本公共服務問題。

改善民生，滿足人民日益增長的美好生活需求，源頭在於順應經濟規律，節約經濟發展和城市建設的成本，實現低成本、可持續發展。經濟發展，是實現美好生活的物質基礎和根本保障。對於少數低收入人口，可以採取社會兜底的辦法，精準扶貧，維護社會穩定。

探索和確立正確理論基礎，破除片面理論的不良影響

只有正確總結我國改革開放以來的歷史經驗，才能準確把握未來的發展方向。經濟轉型的十字路口，更需要探索和確立正確的理論基礎，破除片面理論的不良影響。

深入理解城市

城市是經濟增長的基礎。歷史上看，經濟增長、人口增長、城市化是同步進行的，是三位一體的。城市化在長期經濟增長中，處於基礎的、核心的地位。城市是現代經濟的載體，是技術創新、產業升級、消費升級的容器。只有深入理解城市，才有可能準確把握未來經濟發展和社會變遷的方向。

城市的本質，是建立在一套基礎設施網絡上的功能機構網絡。由這雙重網絡構成的城市，能極大節約經濟發展的成本，提高經濟發展的效率，增加經濟發展的可持續性。

城鄉協調發展，是城市化的應有之義。城市處於網絡的中心，

鄉村處於網絡的外圍。城鄉融合，促進要素在城鄉之間的有序流動，形成城鄉一體化的分工網絡，是城市化進一步發展的必然方向。推進城鄉統籌協調發展，是深入理解城市之後的必然選擇。

正確對待已有科學理論，破除片面理論的不良影響

中國的改革開放，是 20 世紀 70 年代以來全球最偉大的經濟實踐，借鑒了現有理論的優秀成果，也對現有理論提出了反思和挑戰。

適用於經濟發展初級階段的"二元經濟"理論，並不適用於經濟發展的中高級階段。"劉易斯拐點"理論在經濟發展的初級階段有一定的指導意義，但也僅僅是描述性的，而不是機制性的。在經濟發展的高級階段，生搬硬套這種描述性的理論，容易給出誤導性結論。

經濟發展的本質，是動態的技術進步、產業升級、人力資本積累的過程，而不是靜態的人口從農業向工業的轉移。在這個過程中，技術進步提高了城市部門的生產率和工資水平，促使勞動力向城市流動。隨著工業化、城市化的推進，居民的人力資本不斷累積，為進一步的經濟增長和技術進步提供動力。這是一個交互的、迭代的進程，是沒有止境的。

在經濟增長的初級階段，人口的城鄉轉移，為工業發展提供了低成本的勞動力，是工業化的重要助力。但是也要認識到，這種轉移，是經濟增長和技術進步的結果，而不是原因。城市對於勞動力的吸納，前提是城市的技術進步和工資水平的提高。

　　在經濟增長的高級階段，勞動力數量不再是經濟發展的主要約束，勞動力質量成為主要的矛盾，剩餘勞動力理論不再適用，人力資本理論更加具有指導意義。這時候如果過度關注勞動力數量，對於勞動力質量的關注不足，容易得出悲觀的、誤導的結論。

附錄 1
增長與發展：理論概要

　　經濟增長事關芸芸眾生的福祉，是最讓人著迷的學問。長期看，經濟增長主要源於技術進步。技術進步有兩個主要載體，資本累積和人力資本。本文梳理了經濟增長的基本事實和理論，澄清了一些常見誤區。

　　盧卡斯曾經說過，一個人一旦開始思考經濟增長問題，就很難再去思考其他的問題了。這不是誇大其詞。盧卡斯本人從 1988 年開始寫作經濟增長問題，然後就再也沒有回到他賴以成名的經濟週期問題。

　　對我而言，這句話也非常適用。自從 1998 年為宋國青老師做助研工作以來，我就從未能夠停止思考經濟增長問題。在國外唸書和教書期間，主修專業是金融和投資，也不能夠停止對經濟增長問題的思考。如果兩個國家每年經濟增長率相差 1%，那麼 70 年後人民生活水平就會相差一倍。對於經濟學家來說，沒有比經濟增長更重要的話題了。

經濟發展長鏡頭

　　最早的人類文明起源於中東地區的兩河流域，在現在的伊拉克境內。人類最早的經濟活動是捕魚、打獵、採集，處於舊石器時代，舊石器的特徵是比較尖銳，用來捕殺動物。在一萬多年以前，在大江大河的沖積平原上，出現了農業種植，人類開展了一場農業革命，種植成為主要的生產方式。同時，人類進入了新石器時代。新石器時代有了有儲藏作用的容器，說明這時候人類已經有較多的儲蓄行為。後來，人類慢慢進入了青銅器時代、鐵器時代，近代人類社會出現了科學革命和工業革命，開始了現代經濟增長的歷史。

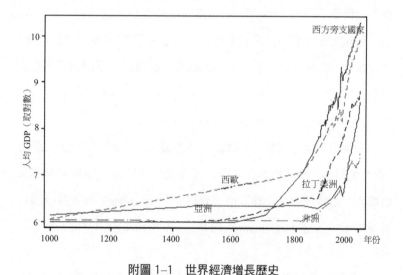

附圖 1-1　世界經濟增長歷史

數據來源：Angus Maddison 數據庫，http://www.ggdc.net/MADDISON /oriindex.htm。

附圖 1–1 數據來自安格斯・麥迪遜（Angus Maddison）的數據庫。從中可以看到最近 1 000 年來的經濟增長概況。世界的經濟增長在 1820 年左右存在顯著的拐點，人均收入開始快速上漲。因此，所謂的經濟增長實際上只有 200 年左右的歷史。在以前，人均收入增長緩慢。

在公元 1400 年之前，世界的主要文明在亞歐大陸，美洲有瑪雅文明、印加文明等，但是在發現新大陸之前，美洲還處於石器、青銅器時代，還沒有使用鐵器[1]。亞洲文明主要有中國、印度、中東等，中東與歐洲交流頻繁，幾乎融為一體，印度也與西方有一定交流。但在大航海時代之前，中國與西方之間有山脈、沙漠的阻隔，交流比較少。

歐洲文明發源於古希臘地區，在古羅馬帝國時期達到鼎盛，橫跨亞歐非。古羅馬滅亡於 476 年。此後，歐洲進入所謂的 "黑暗的中世紀" 時期，長約 10 個世紀。14 世紀開始，歐洲先後進行了文藝複興、宗教革命，隨後醞釀出科學革命、工業革命。

工業革命為什麼發生在歐洲，沒有發生在中國？這就是所謂的 "李約瑟難題"。但是李約瑟問的並不完全，工業革命與之前的技術革命、宗教革命、文藝革命等有很大關係。耶魯大學教授威廉・格茨曼（William Goetzmann）認為，工業革命時期還發生了金融革

1　瑪雅文明屬於石器文明，沒有發明、使用青銅器和鐵器。印加人的金屬加工業比較發達，懂得金、銀、銅、鉛、錫、汞的冶煉。銅及其合金主要用來製造武器、日用器皿和利刃工具。發現新大陸之前，美洲印第安人未使用、發明鐵器。

命，金融革命也助推了工業革命的開展。有的文獻也認為，要考慮這個問題，還要將社會結構、政治變遷考慮進來，例如國家間的競爭關係、宗教等因素。

實際上，現代經濟制度、政治體制從荷蘭開始，它的現代工商業文明甚至早於英國[1]。我個人認為，西歐各個國家規模比較小，競爭比較激烈，因為有了競爭關係，所以也就有了互相約束的關係，這可能是一個需要考慮的因素。在競爭約束下，產生了一些制度上的發明，可能是現代經濟增長的真正起源。

比如說，公司制是現代經濟制度最重要的基石之一。如果列出現代經濟制度中最重要的五個要素，就一定包括貨幣和公司。[2]公司

1　早在 14 世紀時，尼德蘭（今荷蘭、比利時等地區）就出現了資本主義生產關係，16 世紀的尼德蘭沿海城市是當時歐洲大西洋貿易中心，經濟比較發達，當時尼德蘭是西班牙的屬地，西班牙國庫收入的一半以上來自尼德蘭。16 世紀下半葉，尼德蘭爆發暴力革命，要求獨立，1581 年成立荷蘭共和國，是世界上第一個"賦予商人階層充分的政治權利的國家"。歷史學家也認為尼德蘭革命是世界上第一場成功的資產階級革命。宣佈獨立後，荷蘭更加積極地發展航海和貿易，被稱為"海上馬車夫"。17 世紀後期，荷蘭先後與英國、法國交戰，都戰敗，勢力逐漸衰落下來。

2　除貨幣和公司以外，第三重要的東西是什麼？回答一：現代國家，有約束、有法律規範、有自由。評論曰：但是古希臘就有法律、有民主，而古希臘不是現代國家。現代國家這個因素肯定是重要的，但是我還沒有找到合適的方式表達這個因素。我認為可能可以從英國資產階級革命中尋找一些答案，英法歷史的一個重要區別是，法國資產階級革命進行了大規模暴力革命，而英國通過不流血的光榮革命完成了資產階級革命，君主和貴族達成了妥協，妥協、締約可能是現代國家的一個重要特徵。進一步深入的研究可能還需要研究英國大憲章至光榮革命期間 400 年歷史，研究經濟結構的變遷、市民階層的擴大等政治學方面的問題。回答二：信用、借貸關係。評論曰：這個很重要，值得進一步思考。貨幣和信用是什麼關係？並列還是遞進？這兩個概念比較大，還不是具體的發明創造或者制度設計，需要細化。

制是荷蘭人發明的，第一個現代大公司是東印度公司，是貴族們集資進行海外殖民的一種方式。公司作為一個組織進行資本運營，其力量可以超越個人、家族，形成規模效應，提高效率，這是公司的本質。歐洲發明了許多現代經濟的組織形式，比如公司，使其組織力量比較強大，再比如專利制度。另外，社會、政治、宗教因素也發揮了作用。

工業革命之後，世界歷史出現了一個大分野，歐洲成為先進地區，其他地區落後於歐洲，開始學習、追趕歐洲。簡單梳理一下，世界經濟增長史並不複雜，荷蘭、英國、法國、西班牙、意大利、德國等歐洲國家先後崛起，英法等國完全殖民了美國、加拿大、澳大利亞，這些殖民地經濟也飛速發展。非洲大部份也被英法殖民，但沒有完全佔領，亞洲許多地方也淪為殖民地，二戰後，非洲、亞洲各國紛紛獨立，之後就是日本、亞洲"四小龍"、亞洲"四小虎"等國家和地區飛速增長的故事。

經濟增長的歷程，用歷史描述的方式就可以基本講清楚，從歐洲起源，慢慢擴散到其他國家。最近幾年，我對經濟增長回歸模型的作用，越來越持懷疑的態度。一般來說，經濟增長回歸模型中，左邊是各國經濟增長率，右邊是一系列變量，例如初始收入（initial income）、儲蓄率、人力資本、研發支出佔總收入的比例、民主指標、貿易指標等，希望通過這樣的回歸找到經濟增長的原因。仔細想的話，會發現這些模型既沒有回答任何問題，也沒有解決任何問題。大多數模型都會發現儲蓄率是一個重要的變量，高投資帶來高增長，但是這並沒有任何意義，因為模型沒有解釋為什麼某些國家能夠進行高投資。

高投資帶來高增長的故事與中國 1978 年以來的經濟增長高度一致。但是，模型不能回答為什麼 1978 年之前中國投資低，為什麼 1978 年之後中國投資高，也不能回答為什麼非洲投資低。經濟增長回歸方程中，哪一個變量可以解釋中國 1978 年以來的經濟增長？我的回答是，沒有變量可以解釋，這個回歸沒有告訴我們關於中國經濟增長的任何信息。哪個變量能夠解釋鄉鎮企業？哪個變量能夠解釋加入 WTO？哪個變量能夠解釋國企改革？增長回歸模型中的人力資本（通常以人均受教育年限衡量）經常是不顯著的，甚至是負的，這告訴了我們什麼信息？

還有一點，經濟增長回歸方程中沒有權重，中國人口是新加坡的 250 倍，GDP 是新加坡的 34 倍，理論上這兩個經濟體不能同等對待，獨立同分佈的假設肯定不成立，但是在計量回歸中，二者回歸權重一樣。在研究中，即使樣本不滿足獨立同分佈的假設，我們也可以先做回歸，作為研究的起點，但不能將回歸結果直接作為研究結果，研究終點。

我鼓勵大家認真學好計量，不能學成半吊子，一知半解，不知道計量模型的假設、不知道如何解讀計量結果，只會用計量軟件計算結果。最重要的是如何解讀結果，好的經濟學家，包括計量經濟學家，解讀結果的功夫很深，會詳細說明變量代表了什麼，回歸結果說明了幾種可能性。而很多現代經濟學學生忽略了這個功夫，只是列出回歸方程，說明系數顯著性，不了解背後的經濟意義，更不了解回歸結果後面的複雜的經濟故事，這樣做研究對理解現實世界沒有什麼用處。

所有經濟模型在模擬實際經濟關係時，都顯得過於簡單，現實要複雜得多。但同時，很多經濟模型又過於複雜，因為很難解，也沒有明確的經濟含義。經濟增長回歸模型可以作為描述數據的方法，可以作為研究的起點，但遠遠不是研究的終點。經濟增長回歸模型只完成了研究工作中最開始的百分之一，它沒有幫助我們更深入地理解問題。

經濟增長理論簡史

這部份我們簡要回顧經濟增長的理論。這部份有少量公式，放慢速度的話並不難讀懂，跳過去也不影響閱讀其他部份。

1. Harrod-Domar 經濟增長模型

Harrod-Domar 經濟增長模型（哈羅德－多馬經濟增長模型）是第一個量化、動態的經濟增長理論模型。模型的基本假設是：第一，只有一個產品，既是資本品也是消費品；第二，只有兩種要素（資本、勞動），二者在生產中比例固定、不可替代，這個假設意味著生產技術不變；第三，規模收益不變；第四，沒有技術進步，資本－產出比不變。

$$Y = A * min\{K, L\}$$

$$g = \Delta Y/Y = (S/Y)/(\Delta K/\Delta Y) = (S/Y)/(I/\Delta Y) = s/C$$

s 是儲蓄率，資本產出比不變的情況下，$I/\Delta Y = K/Y$，C 即為資本產出比。在 Harrod-Domar 模型中，產出由資本和勞動兩大要素的較小值決定，因為那時候資本總是稀缺，其實就是由資本決定。推導出來的結果，經濟增長率就等於儲蓄率除以資本產出比。中國現在的儲蓄率約為 40%，資本產出比約為 3，這個模型推出的中國經濟增長率約為 13%，與現實數據相去不遠。扣去 6% 左右折舊率之後，推測的增長率差不多是 10%，和現實數據更接近。

　　這個模型發表於 20 世紀三四十年代，用數學公式的方式表達了資本的重要性，只要有投資就有增長，與過去資本家 "開了工廠就賺錢" 是一個意思。該模型不考慮資本－勞動替代彈性是有其歷史背景的，在早期工業化的過程中，工業生產率遠高於農業生產率，有大量農民湧入城市，工業生產有大量廉價勞動力供應。相對來說，資本是稀缺資源，生產的約束條件是資本，這時候不太需要考慮替代彈性的問題。

　　後人對這個模型有許多批評，例如，第一，資本－勞動固定比例不合理，應該考慮替代彈性。這是一個技術問題，進一步擴展模型時可以改變這個假設。第二，該模型假設儲蓄可以完全有效地轉化為投資。在後來的經濟發展中，儲蓄不一定能有效地轉化為投資。我國有大量淨出口，這就表明了我國國民總儲蓄超過了國內投資[1]。第三，該模型的政策含義是，窮國缺少資本，為了促進窮國的經濟增長，應當給予窮國經濟援助。但是實際情況與模型結論不一

1　封閉經濟中，儲蓄等於投資。開放經濟中，儲蓄等於國內投資加上淨出口，$S = I + NX$。

致，二戰之後全世界給予了非洲許多經濟援助，但是大部份非洲國家依然沒有實現經濟起飛。另外，我國給予革命老區的援助也沒有顯著效果，看來投入資本就帶來增長的說法過於簡單了。第四，經濟理論一般認為，窮國資本稀缺，邊際產出較高，富國資本富裕，邊際產出較低，因此資本應該從富國流向窮國。但盧卡斯發現，實際上，資本並沒有從富國流向窮國，反而是從窮國流向富國。Harrod-Domar 模型提出的"資本流向窮國，促進窮國發展"的前提就不成立。

2. 索洛模型（Solow Model）

索洛提出的增長模型（Solow, 1956）加入了外生技術進步。該模型可以用一個簡單的生產函數[1]表示。

$$Y = F(A, K, L)$$

其中，A 表示技術進步，是一個外生變量。生產函數規模報酬不變。變量 $A \cdot L$ 常被稱為有效勞動數量。生產函數兩邊同時除以 $A \cdot L$ 得到：

$$\hat{y} = f\left(\hat{k}\right)$$

$\hat{y}$、$\hat{k}$ 分別為每單位有效勞動的產出和每單位有效勞動的資本。這個方程的含義，是收入水平由人均的資本存量決定，這和

1　如果考慮具有穩態的索洛模型，則必須假定技術進步採用勞動增進型形式，即 $Y = F(K, L \cdot A(t))$。Cobb-Douglas 生產函數（柯布－道格拉斯生產函數）$Y = AK^{\alpha}L^{1-\alpha}$ 也能達到穩態，但在穩態時人均變量 y、k、c 的增速不是 g，而是 $g/(1 - \alpha)$。

Harrod-Domar 模型是一脈相承的。只不過，這裏加入了技術進步和要素替代的考慮，在形式上完備了一點點，比 Harrod-Domar 模型並沒有革命性的進步。

假定總人口以不變的外生速度 n 增長（假設勞動力投入等於總人口），即 $\dot{L}/L = n$；資本折舊率為 δ；外生技術進步率為 g，即 $\dot{A}/A = g$，則可以推導出 $\hat{k}$ 的動態方程：

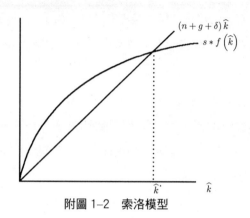

附圖 1-2　索洛模型

$$\dot{\hat{k}} = s \cdot f\left(\hat{k}\right) - (n + g + \delta)\,\hat{k}$$

上式中的 s 為儲蓄率。在穩態下，$\dot{\hat{k}} = 0$，$\hat{k}$、$\hat{y}$、$\hat{c}$ 是恆定不變的，人均變量 k、y、c[1] 以外生技術進步率 g 增長。

注：總投資曲線 $s*f\left(\hat{k}\right)$ 與生產函數 $f\left(\hat{k}\right)$ 成正比。$\hat{k}$ 的變化由 $s*f\left(\hat{k}\right)$ 線和 $(n+g+\delta)\,\hat{k}$ 線的垂直距離給定。資本的穩態水平 $\hat{k}^*$ 由 $s*f\left(\hat{k}\right)$ 線和 $(n+g+\delta)\,\hat{k}$ 線的交點確定。

1　$y=Y/L$，k、c 同理，都是人均量。

可以看到，技術進步率 g 是一個非常重要的變量，但索洛模型假定 g 外生，並未研究它是如何決定的。後人將技術進步假定為內生，發展出內生增長模型，這是後話。討論內生增長模型之前，先討論一下對於索洛模型的一些誤用。

索洛模型的誤用

對索絡模型的誤用，集中體現在 TFP（total factor productivity，全要素生產率）這個概念上。研究中，普遍使用 TFP 來衡量技術進步率：

$$TFP = \dot{Y}/Y - \alpha \dot{K}/K - (1-\alpha)\dot{L}/L$$

根據上面公式[1]，TFP 實際上就是產出增長率減去投入要素增長率的殘差。但這種計算技術進步率的方法存在嚴重的缺陷，因為它會導致至少兩個嚴重問題。

首先，資本 K 和勞動力 L 的測度誤差很大。20 世紀 50 年代開始的"劍橋資本爭論"就提出了資本如何測度、異質資本如何加總的問題。要加總資本，不能直接加總資本的實際量，必須乘以資本價格再加總。資本價格是資本的邊際產出，計算邊際產出需要資本量數據，而資本量的計算又需要資本價格，於是陷入死循環。現實中使用資本的市場價格作為邊際產出的替代，但這只是一個粗略近似，因為資本的市場價格或多或少會帶有一些壟斷加成定價

---

1 假定生產函數為 Cobb-Douglas 形式 $Y = AK^{\alpha}L^{1-\alpha}$。

（monopoly's mark-up），使得市場價格並非資本的邊際產出，因此 K 的測度總是存在誤差的。

勞動力 L（也包括人力資本 H）也難以準確測度。目前一般用學校教育年限測量人力資本，但這一指標非常片面。人力資本只有很小一部份來自學校教育，更多是來自"幹中學"（learning by doing），或是家庭教育等其他因素。實際上，一個更好的人力資本變量是工資（收入）水平，因為一個人的工資直接反映了他的綜合能力和市場對他的認可程度。但是在計算 TFP 時卻不能使用這一變量，因為產出 Y 就是總收入，如果再用收入來衡量人力資本，那麼人力資本部份貢獻的殘差一定是零，這也不合理。而且，工資也不能完美地測度人力資本。比如，現實世界中，既可以"三個臭皮匠，賽過諸葛亮"，也可以"一盤散沙""人浮於事"，這兩種狀態下人們的工資都和人力資本不同。因此，H 很難準確估計。

其次，在短期內，TFP 的波動反映的是經濟週期而非技術變化。中國 2007 年，GDP 增速達到 14.2% 的高峰，2008 年受金融危機的外部影響，GDP 增速放緩，只有 9.6%。反映在 TFP 值上，2008 年的 TFP 要明顯低於 2007 年。但是這顯然不能說明 2008 年的技術進步率較前一年大幅下跌，而只是經濟下行週期中出口下降導致的短期現象。2012 年以來 TFP 的下降，很大程度上同樣是由緊縮宏觀政策導致，與技術進步無關。TFP 不能用來研究短期技術進步情況，因為它受經濟週期波動影響很大。濾除了經濟波動因素，一個相對平緩的 TFP 時間序列，才是有意義的。

克魯格曼的誤導

以上兩點說明 TFP 存在嚴重問題，而這一錯誤指標又對經濟政策產生很多誤導。克魯格曼（Krugman，1994）提出並不存在所謂"亞洲奇跡"，批評亞洲"四小龍"的經濟增長只是依靠高投資率而沒有技術進步，經濟增長模式不可持續。克魯格曼的批評的重要依據就是亞洲"四小龍"1960–1990 年的 TFP 一直接近於零，新加坡甚至出現負 TFP。1997–1998 年的亞洲金融危機似乎支持了克魯格曼的論斷。

克魯格曼的批評時至今日依然有其影響力。很多人批評中國的投資率過高。附圖 1–3 展示了中國持續 30 年的高投資率，2009年以後更是保持在 45% 以上。顯然，中國投資率確實高，但是否"過高"呢？這要看投資回報率的高低。均衡狀態下，投資的回報率由如下公式決定：

$$f'(k) = r + \delta$$

上式左邊是資本的邊際產出，右邊是資本租賃價格。r 是利率，δ 是折舊率。如果 k 使得上面等式成立，這正是市場上的均衡水平。如果上式左邊小於右邊（即資本的邊際產出小於成本），那麼資本才是過度的（索洛模型中 $f'(k)$ 是減函數），投資才"過多"。根據測算，中國 1998–2012 年的投資回報率一直處於很高水平[1]。這

1　宋國青、盧鋒等（2007），張勳、徐建國（2014）測算過相關數據。

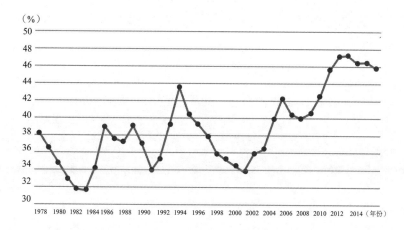

（%）

1978 1980 1982 1984 1986 1988 1990 1992 1994 1996 1998 2000 2002 2004 2006 2008 2010 2012 2014（年份）

附圖 1–3　中國投資率（1978–2014 年）

數據來源：國家統計局。

樣看來，投資是 "高"，但不 "過高"[1]。

　　高投資率帶動的經濟增長真的是不可持續的嗎？事實證明，亞洲金融危機結束後，亞洲 "四小龍" 的經濟增速遠高於世界平均水平。2000–2014 年期間，亞洲 "四小龍" 平均增速 4.54%，印尼、馬來西亞、泰國三個東南亞新興國家平均增速 4.87%，而世界平均經濟增速只有 2.68%。如果排除掉 2008 年金融危機帶來的影響，2000–2007 年間亞洲國家的經濟增速依然遠高於世界水平。亞洲 "四小龍" 的人均 GDP 都高於世界銀行給出的高收入國家門檻，韓國更是跨越中等收入陷阱的成功典型。由這些數據可以看到，雖

1　中國高投資的主要原因是投資回報率高，當然也有人為壓低實際利率的扭曲因素，高投資中也有投資管理效率低導致的 "低效投資"。但是，這些因素的影響是第二位的。

然亞洲"四小龍"的 TFP 很低,但是經濟增長很好,克魯格曼的預言並未實現。

附表 1–1　亞洲金融危機後世界各國和地區經濟增長比較

	2000–2014 年 增長率 / %	2000–2007 年 增長率 / %	人均 GDP (2014 美元現價)
香港	4.07	5.32	40 170
台灣	4.04	4.87	22 648
韓國	4.36	5.40	27 970
新加坡	5.67	6.45	56 285
平均	4.54	5.51	36 768
印度尼西亞	5.34	5.05	3 492
馬來西亞	5.12	5.57	11 307
泰國	4.16	5.26	5 977
平均	4.87	5.29	6 925
日本	0.87	1.52	36 194
美國	1.95	2.65	54 629
OECD[①]: 高收入國家	1.69	2.51	43 654
OECD: 所有國家	1.74	2.54	38 388
世界平均	2.68	3.34	10 721

數據來源:台灣數據來自環亞經濟數據有限公司(CEIC)全球經濟數據庫,其他國家和地區數據來自世界銀行的世界發展指標(World Development Indicators, WDI)數據庫。[1]

1　OECD,經濟合作與發展組織。

索洛模型的一個巨大缺陷就是假定技術進步 A 外生,並且獨立於資本投入、人口增長。現實中,這兩條都是不成立的[1]。比如說,技術會嵌入在機器設備和人力知識當中(即 $A = A(K, L, H)$,A 是內生的)。落後國家購買先進設備,組織工業生產,外請專家指導培養本國工人,技術經驗代代相傳,就是技術進步的重要方式。K、L 和 H 的增加都會提高 A,帶來技術進步。但是這一技術進步過程並沒有體現在 TFP 中。譬如一個國家當年進口大量先進機器設備,工業生產又會吸引農村青年進城務工、提高專業技能。K 和 H 都在提高,並蘊含幾年後巨大的技術進步。但在 TFP 計算中,只看到當年 K 大幅增加,於是 TFP 殘差變得非常小,得出當年技術進步率很低的結論。這是嚴重的誤解。

事實上,TFP 無法衡量短期的技術進步,技術進步是慢慢積累的結果,而且往往一兩年、兩三年內反映不出來。相對來說,中長期跨度的 TFP 更有意義,儘管也只能作為研究的開始。更需研究的問題是這部份 TFP 從何而來。中國 1978 年改革開放至今,制度變遷帶來的組織效率提高和工作積極性的釋放、生產技術進步、城鄉轉移帶來的資源配置效率的提高等都是 TFP 的源泉。TFP 背後的道理更值得研究。

觀察世界經驗的話,經濟增長都伴隨著高投資。我們經常喜歡和印度比,因為我們和印度有很多天然條件上的相似性,以及經濟

---

1 實際上,Solow(1957)已經指出 TFP 存在缺陷,因為技術進步會嵌入在投資裏,但之後的很多研究者似乎忽視了這一點。

結構上的不同。土地面積、人口總量相差不遠，但是社會、經濟結構相差很大，我國是製造業發達，淨出口較大，而印度是服務業發達、淨進口較大，我國經濟在 20 世紀 80 年代開始起飛，印度經濟在 20 世紀 90 年代，特別是 2000 年以後迅速騰飛。比較印度與中國經濟騰飛期的宏觀經濟，發現有兩點顯著不同：印度的製造業增加值佔 GDP 比重很低，穩定維持在 15% 左右，而且製造業質量也比較差；印度經常賬戶赤字，淨出口基本一直為負。但印度與中國最大的相同之處是高投資率。2004 年以後印度投資率一直在 30%以上。附圖 1–4 為 1960–2014 年印度資本形成總額、製造業增加值與淨出口佔 GDP 比重，其中左縱坐標為資本形成總額、製造業增加值佔 GDP 比重，右縱坐標為淨出口佔 GDP 比重。

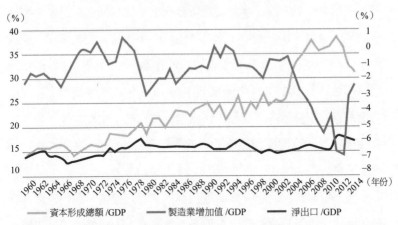

附圖 1–4　印度資本形成總額、製造業增加值與淨出口佔 GDP 比重
　　　　（1960–2014 年）

數據來源：世界銀行世界發展指標數據庫。

觀察附表 1–2 和附表 1–3 的長期數據發現，無論是工業化較早的西方國家，還是亞洲"四小龍"及其他新興國家，在經濟增速較快的時期投資率都處於較高水平[1]。而且經濟騰飛期出現越晚，投資率越高。英國 1770 年前經濟快速增長時，投資率只有 5%；

附表 1–2　發達國家經濟快速增長期的投資率

國家	年份	投資／GDP	國家	年份	投資／GDP
英國	1770 年之前	5%	美國	1840 年左右	14%
	1800–1830 年	7%		1890 年左右	22%
	1895–1914 年	10%		1946–1955	22%
	1952–1958 年	16%			
意大利	1880 年左右	10%	加拿大	1870–1915 年	20%
	1896–1915 年	15%		1896–1915 年	23%
	1946–1955 年	21%		1921–1940 年	23%
德國	1851–1870 年	13%	日本	1887–1906 年	10%
	1871–1890 年	18%		1897–1916 年	11%
	1891–1913 年	23%		1952–1958 年	30%
	1952–1958 年	24%			

數據來源：摘自 Kuznets（1961）。為簡明計，合並了一些年份，並省略了兩次世界大戰期間及其中間的數據。

1　排除二戰後重建階段，仍然能看到這一現象。

美國 1840 年左右投資率為 14%；加拿大 1870–1915 年期間投資率達到 20%。幾個亞洲新興經濟體經濟起飛期的投資率都在 30% 左右，新加坡更是超過 40%，印度近年來也達到了 36%。中國內地的投資率是很高，但是放在亞洲起飛經濟體的背景裏，也不是特別離譜。

對於前沿國家（較早工業化，處於世界經濟、技術領先水平的國家）而言，技術進步大多來源於本國的研發和創新，而研發失敗率高，又不計入投資，因此投資率相對較低。但是後發國家可以借鑒先發國家已有技術，在大規模投資中獲得技術進步，取得後發優勢。對於後發國家，前沿上的自主研發成功率太低、成本太高，"拿來主義"在經濟上更加合理。這種情況下，投資就是技術進步！這一點，可以幫助理解為什麼在增長回歸方程中最顯著的是儲蓄率。

附表 1–3　亞洲經濟體快速增長期的投資率

經濟體	年份	投資 / GDP	經濟體	年份	投資 / GDP
韓國	1966–1996 年	29%	泰國	1981–1997 年	35%
中國台灣	1970–1981 年	30%	印度尼西亞	1981–1997 年	30%
新加坡	1970–1987 年	41%	中國內地	1992–2014 年	42%
馬來西亞	1974–1997 年	31%	越南	1995–2010 年	33%
中國香港	1978–1997 年	29%	印度	2005–2014 年	36%

數據來源：世界銀行世界發展指標數據庫。

內生增長理論

前文講到技術進步 A 是內生的，應該表示為 $A = A(K, L, H)$，但遺憾的是，索洛（1956）之後的內生增長理論並沒有完全沿著這個方向前進，而是將 A 獨立於資本、勞動力和人力資本。具體而言，內生增長理論從創新、人力資本和市場規模三個方向將技術進步內生化了。

創新

一類文獻認為創新（具體而言就是研發活動）帶來技術進步，有兩個經典模型。一個模型是產品多樣性（product variety）模型，認為技術進步表現為生產者所用的中間品種類的不斷增多。研發人員受預期壟斷利潤的激勵而將資源用於發現新的中間品。給定中間品是互補的，那麼中間品多樣性越高，產出就越高，也就是說產品種類的橫向擴張導致技術進步、產出提高。這裏的關鍵，是中間品之間的互補性質。在具體的函數性質設定下，中間品種類越多，產出越高。

另一個模型熊彼特模型（Schumpeterian model）將技術進步視作已有產品種類不變，但質量改善，提出"創造性破壞"（creative destruction）的概念：當一個企業掌握新技術，生產的中間品質量改善時，新產品會淘汰已有產品。可以假設不同質量的同一種中間品是完全替代的，那麼一種高質量的中間品會完全擠出低質量中間品。研發企業將資源用於提高現有中間品的質量，成功的發明者沿著質量維度摧毀前人的壟斷地位，是為“創造性破壞”。鐵路的出現打擊了運河航運，航空技術的快速發展打擊了鐵路運輸，互聯網的出現打擊了傳統電信行業，電商的出現打擊了傳統的實體商店，都是典型例子。

這類文獻雖然很好玩，看起來也很嚴謹，但是我對這類文獻的重要性，也就是對於理解現實的作用，有保留意見。這些模型為企業的研發活動做了大量的背書，造成了研發推動技術和社會進步的印象。現實中，研發創新當然是技術進步的重要來源之一，這個背書的意義不大。更重要的是，企業研發可能只佔技術進步的一部份。歷史上，很多重要的發現，比如青黴素，是偶然發現的。研發產生了看得見的技術，但大規模投資帶來的大規模工業生產蘊含了更加重要的技術進步，促進整個工業水平普遍的提高，對於後發國家尤其如此。研發過程投入高、風險高、回報低，並不是有效的技術進步手段，尤其不適合發展中國家。後發國家進口機器設備、增加資本，帶動城市化和人力資本提高，才是技術進步最重要的過程。

我有一個大膽的猜測，就是現實中的技術進步，並不是“正向的”，而更多是“反向的”。所謂“正向”，是技術變遷的方向從實驗室到市場。企業研發創造新技術，然後應用新技術進行生產，到創造市場需求，這是內生增長理論的基本思路，也可以稱為是“技術驅動”。所謂“反向”，是從市場需求開始，拉動生產，競爭性廠商為了降低成本、提高質量，根據生產需求創造出技術進步。"反向"從市場需求出發，因此也可稱為"需求拉動"。現實中"技術驅動"和"需求拉動"肯定都有，但是我猜測"需求拉動"的作用遠遠大於"技術驅動"，甚至不在一個數量級上。

人力資本

人力資本是技術進步最重要的來源之一。人力資本的提高有教育投資、"幹中學"、城市化三種途徑。其中教育投資大家都很熟悉，文獻也比較多，不再強調，這裏著重強調一下"幹中學"和城市化。雖然文獻強調相對較少，但是作用可能更大。阿羅（Arrow, 1962）指出"幹中學"是積累人力資本的重要方式。工作崗位上的訓練對人力資本的重要性要高於學校教育。中國有句俗話，"男怕入錯行，女怕嫁錯郎"，說的是傳統社會男人入哪一行很重要，因為決定你學什麼、幹什麼，因此也決定你成為一個什麼樣的人。

盧卡斯（2004）等一系列文獻認為城市化和人口遷移對提高人力資本有關鍵作用。在中國，農民從農村進入鄉鎮、進入小城市、進入大城市，一步步都是提高人力資本的過程。農民工進入城市的製造業和低端服務業，學習新的知識，提高技術水平，遠高於在農村時的生產力。幾億農民進城是中國過去 30 年經濟快速發展的重要源泉。世界上高收入國家的城市化率在 80%～90%，中國截至 2018 年的城鎮化率是 59%，還有很大上升空間。從促進城市化的意義上說，我國的大規模基礎設施建設並未出現嚴重過剩，目前的路網密度仍比歐洲差很多。而且，即使有些公路的使用效率看上去不高，但能夠促進人口流動、讓農村人更方便地遷移到城市，就是重要貢獻。這裏，要動態、全面地看，不能靜態、局部地看。

城市化還可以降低企業負擔。大城市的成本低，因為一個地方的基礎設施成本，要由所有當地人負擔，大城市成本由幾百萬、幾千萬人共同分攤，單位成本很低，利用率高，經濟上合算。小地方修基礎設施，利用率低、維護成本高，不合算。在中國，小地方辦不起大企業，就是因為小地方如果吸引來一個大企業，那麼地方財政很大一塊都要從這個企業身上獲得，企業負擔很重；而一個大城市有很多企業，就可以分攤這些負擔，每個企業的賦稅任務就相對較輕。又如中國有很多產業集群，產業集群除了有促進競爭、技術溢出的作用，還能使多個企業共同分攤當地的基礎設施費用，共同負擔政府徵收的各種稅費，降低單個企業的成本。[1]

城市化是中國未來經濟最重要的變量。如果能將大約 2 億農業勞動力進一步解放出來，就能帶來巨大的勞動力資源，所有勞動力

---

1 城市化也解釋了中國鄉鎮企業的衰落。改革開放後，糧食生產力提高，農民可以填飽肚子，但是還不能自由進城。農村有大量勞動力，農業勞動生產率在短時間內不能大幅提高，必然要選擇擁抱工業文明。既然不能遷移到大城市，那麼直接就地工業化，離土不離鄉。鄉鎮企業是勞動力不能自由流動下的畸形產物。鄉鎮企業並非有效的生產組織方式，存在產權不清、缺少人才技術、市場小、成本高、產品質量差等很多問題，然而，這樣低效的工業生產仍然好於更低效的農業生產。事實證明，一旦政策放開、農民自由進城，城市中的民營企業應聲而起，鄉鎮企業逐漸衰落。工業只有大規模生產，才可能使用更先進技術，降低單位產品成本，大中型城市的工業才是有生命力的。

不足、"人口紅利"消失的討論都會煙消雲散。否則，中國的增長面臨瓶頸，也有可能陷入中等收入陷阱。因此，城市化是中國經濟發展的最重要話題之一。我自己這幾年花了很多時間看城市化，著眼點就在此。目前看來，政策層面久拖不決，不敢太樂觀。

市場規模

工業生產的重要要素就是規模效應。如果有一個大市場，工業生產就可以擴大規模，降低單位成本，企業也有意願投入研發資金，從而進一步降低成本、提高質量。市場規模的擴大，對於工業生產非常重要。傳統中國鄉村為什麼沒有發展出工業？因為在傳統鄉村中，市場範圍非常小，村莊支持的"工業"可能只有打鐵舖之類，幾個村莊才能支持一個雜貨舖。只有人口密度比較大，形成一個規模較大的市場，才能支持工業和服務業的發展。歐洲中世紀是莊園經濟，相當程度上，莊園內可以自給自足，貿易範圍比較小。而交通發展、大航海時代之後，殖民活動使西方市場規模迅速擴大。歐洲人到美洲、亞洲、非洲殖民，不僅搜刮原材料，而且也需要新市場，否則要太多原材料也沒用。比如說，殖民者來到中國後，西方生產的紡織品質量比較好、價格比較低，大量進入了中國市場。詹姆斯·哈格里夫斯（James Hargreaves）發明珍妮紡紗機、瓦特（James Watt）改良蒸汽機是非常偶然、困難的事情，類似的發明可能還有很多，但是沒有市場的話，就不為人知。殖民活動擴大市場之後，這些技術進步帶來了巨大經濟收益。如果沒有一定的市場規模，發明創新本身風險會很高，回報率會很低。

在大市場中，發明創造的成本比較低，回報率較高，大市場有利於鼓勵發明創造。以我國為例，改革開放之前和初期，我國工業佈局很分散，每個省都有汽車製造廠，每個縣都有自己的啤酒廠，形成地區市場分割，這時候研發的風險大，回報低。20 世紀 90 年代中後期以後，特別是加入 WTO 以後，地區市場壁壘被打破，引入了外資，汽車行業的技術進步很快。市場打通之後，擴大的市場規模可以支持更多研發支出，用於提高生產線技術、培訓工人、研發新技術。

從市場規模這個意義上講，中國具有天然的優勢，因為除印度之外，沒有其他國家可以在人口上與我們相提並論。中國是統一的國家，市場廣闊，沒有政治動亂，而且有延續幾千年的文明，在這些優勢條件下，很多生意在中國更容易成功。上海有差不多 3 000 萬人，人均收入較高，即使只有一小部份人購買你的產品，就會有很好的經濟效益。而北歐發達國家挪威、瑞典、芬蘭總人口都在 500 萬至 1 000 萬之間 [1]，依靠人口密集的行業，例如電商、快遞等行業就很難發展。

我國曾討論發展農村的電商，實際上這是反城鎮化的，不會有好結果的。在城市中，電商快遞的單位成本很低，但在農村，為了送幾件快遞可能就要奔波幾十公里，交通成本、人力成本都很貴。

1　根據世界銀行數據，挪威 2014 年人口 514 萬，瑞典 2014 年人口 969 萬，芬蘭 2014 年人口 546 萬。

京東的劉強東曾說要發動大媽送快遞，這可能反映了勞動力成本的壓力。解決勞動力成本壓力的辦法，不是進一步浪費勞動力，而是要節約勞動力，城鎮化才是節約勞動力的方式。

研究工業革命歷史的人都知道，工業革命中的很多發明，之前其實已經存在 —— 以某種形式存在，但並沒有發揚光大，因為那裏市場很小。那麼這些地方為什麼沒有形成大市場呢？原因比較複雜，例如，大市場的形成需要一定的保障，現代國家是保障、秩序的提供者，在歐洲中世紀，戰亂較多，莊園經濟是主體，市場規模不可能大。英國建立君主立憲制度之後，市場可以慢慢發展起來。大市場的形成，是一個慢慢演化的結果。

其他議題

金融發展與經濟增長

金融發展與增長這類文獻數量眾多，其中最著名的學者是羅斯·萊文（Ross Levine）。對於他的文章，我持很大的保留意見。他的主要研究方法就是回歸方程，回歸方程左邊是經濟增長，右邊是金融發展的指標和其他控制變量，在幾年的時間跨度上，研究金融發展指標的變化與經濟增長的關係。這些研究是沒有意義的，因為經濟增長是一個長期問題，而且經濟增長會反過來影響金融發展。現實中的金融發展，往往是經濟發展過程中，企業有了某種融資需求，然後金融部門滿足這個需求，從而產生了金融發展。倘若金融部門不能提供這些需求，能滿足新需求的金融部門就會被創造出來。否則，經濟就窒息了。

因此，經濟增長和金融發展是一個相互交織、相互促進的過程，存在正相關關係。但是這個正相關關係不意味著任何因果關係。任何計量方法，都很難完全處理掉反向因果的問題，這是人腦要解決的問題，計量無能為力。有部份研究以為用結構化模型、工具變量等方法可以解決反向因果問題，其實是過於天真了。當然，也可能是屁股決定腦袋。

而且，現實中有很多例子說明，在經濟發展過程中，如果金融過度自由發展，對經濟發展有傷害。例如拉美國家、東南亞國家，過快地放開國外銀行進入，過快開放資本賬戶，最終導致了金融危機。在這個問題上，我贊同羅賓遜和盧卡斯的觀點，當實體經濟有需求時，金融部門就會發展，除非有政府的管制。在管制情況下，金融部門也會在夾縫中發展，效率較低。倘若實在頂不開管制，則經濟發展就會受阻。倘若政府管制並不是金融部門發展的約束條件，那麼政府就有必要進行審慎監管，使金融發展與實體經濟需求相配合。人為"刺激"金融發展，很可能適得其反，禍患無窮。而金融發展文獻開出的藥方，常常就是這種，令人哭笑不得。一知半解的危害，是很大的，比無知要大得多。

另外，衡量金融發展的變量大都是一些間接變量，很有爭議，例如私人信貸的 GDP 佔比、股市債市總市值與 GDP 的比率。如果按信貸指標計算，那麼我國的金融發展水平居世界前列。有常識的人都知道，中國的信貸總量偏大，不僅不是金融發展的正向指標，甚至是反向指標，恰恰是金融不夠發展、金融體系效率不夠高的結果。

這個研究要繼續進行，需要做更加細致的工作，不能停留在回歸層面。例如，我國銀行長期維持 3% 的存貸利差，實際上就是把一部份企業利潤直接轉移給銀行和政府。在我國經濟快速發展、企業利潤率較高的時期，高存貸差的問題被掩蓋。但在企業利潤變薄的背景下，高存貸差很可能會產生不良後果，比如壓縮了企業的利潤，增加了企業的成本，而利率市場化有助於降低企業的綜合融資成本。金融發展與經濟增長這個方面的研究，還是應該從這些具體的問題著手、分析邏輯鏈條，簡單回歸並不能解決問題，甚至會產生誤導。

貿易與經濟增長

在近現代歷史中，有兩次全球化浪潮，第一次是 1870 年左右至 1914 年，國際資本流動和貿易都有很大發展，這是人類經濟發展的第一個黃金時代，二戰之後是第二個黃金時代。在布雷頓森林體系下，管制資本流動，放開國際貿易。一開始，主要是美國、歐洲、日本參與國際貿易，後來是美洲、亞洲一些發展中國家。20世紀 80 年代之後，更多國家加入國際貿易體系，全球貿易與資本流動達到新的高度。國際貿易的發展有助於擴大市場規模，促進技術進步。

在國際貿易過程中，貿易雙方存在技術溢出效應，特別是落後一方受益明顯。但是這只是看得見的技術進步，還有看起來沒那麼"炫目"的技術進步，同樣重要。貿易推進市場規模擴大，大規模生產帶來單位成本降低、質量提高，這本身就是最重要的技術進步。其中帶來的人力資本積累，你很難測度，但是可能也很重要，即使不是更加重要的話。經濟學研究"非量化、不學術"，拋掉了很多重要但是不能量化的東西，實在是可惜。

制度與經濟增長

許多文獻認為好的制度帶來了經濟增長，這個觀點固然正確，但是沒有回答好的制度是如何建立的。在產權明晰、法制健全、權力制衡的條件下，市場效率比較高，促進經濟增長。這個沒有問題，但問題在於這一套制度是怎麼建立的，能簡單照抄、移植嗎？中國的產權、法制制度如何建立？

看起來，簡單移植是不成功的，歐美的產權、法制制度是兩千多年社會演化的結果，東歐國家曾經嘗試直接移植西方政治、經濟制度，但是效果並不理想。市場是配置資源的最有效手段，但是市場機制的建立不僅不是廉價的，而且還很貴，還需要花費很多資源去維護。制度的建立和演化問題，可能不能依靠經濟學家解決，經濟學的量化分析、計量回歸的方法必然丟掉了很多難以量化的重要因素，這些因素很可能是制度演化的關鍵。歷史學家、社會學家、政治學家、人類學家的研究，更可能對回答這個問題很有幫助。

研究制度與經濟增長的著名學者德隆·阿西莫格魯（Daron

Acemoglu）和詹姆斯・羅賓遜（James A. Robinson）等人，研究美洲、非洲等地的制度起源，將制度建立與氣溫、傳染病、殖民者態度等因素相聯繫。實際上這些因素都是隨機效應，因為這些歷史、環境因素都是不可重複的。這些研究雖然好玩，但是無法說明中國如何建立完善的市場制度，也無法解釋中國為什麼在 1978 年選擇改革開放。家庭聯產承包責任制、鄧小平南方談話、20 世紀 90 年代末國企改革、2001 年加入 WTO，這都是驅動中國經濟增長的重大事件。制度建設是重要的，但現有的研究無法幫助我們理解制度演化問題。2015 年去世的諾斯（Douglass C. North）從制度演化的收益和成本方面考慮這個問題，但是這種很嚴謹的歷史分析後繼乏人。在目前的學術氛圍下，沒有計量回歸就難以發文章，現在大部份經濟史研究者也在大量使用計量回歸的方法，讓人頗為失望。計量方法可能有助於經濟史研究，但是 "無計量，不文章" 可能過頭了。有意義的經濟史研究，還需要等待有訓練、有心的人。

發展經濟學簡介

增長與發展

增長與發展的區別在哪裏？曾經聽過幾位國內知名經濟學家是這樣定義的：經濟增長是人均收入的增長，而經濟發展是包括收入增長在內的一系列經濟指標的進步，包括制度的發展。這樣的定義看起來全面、科學，其實與經濟增長和發展的文獻歷史不符。實際上，經濟增長的文獻主要研究高收入國家如何實現技術進步，而經濟發展的文獻主要研究二戰之後，落後國家如何追趕的問題。

發展經濟學的發展歷程

發展經濟學的發展歷程主要是三部曲。第一步，二戰之後，結構主義方法興起。當時經濟學家看到發達國家主要以工業為主，發展中國家主要以農業為主，尤其是發達國家重工業技術水平高、利潤空間大。於是，經濟學家提出落後國家的主要問題是經濟結構不好，落後國家需要模仿發達國家的產業結構，發展工業，尤其是重工業。這個方法後來被證明是不成功的，實施發展重工業戰略的國家並沒有取得預期中的經濟高速增長，落後國家並沒有足夠的資金購買設備，也沒有人力資本支持重工業的發展。用林毅夫教授的話來說，發展重工業的戰略不符合落後國家的比較優勢，欲速而不達了。

第二步，經濟學家們總結二戰後發展中國家失敗的教訓，提出了華盛頓共識，代表人物是約翰·威廉姆森（John Williamson）[1]。既然模仿發達國家產業結構是失敗的，那麼落後國家缺乏的不是先進的產業結構，而是更根本性的因素 —— 發達國家的制度基礎，例如產權、民主、法治，落後國家應當移植這些先進制度。但是東

1　1989 年，針對拉美國家的國內經濟改革措施，約翰·威廉姆森總結了當時 IMF（國際貨幣基金組織）、世界銀行、美國財政部已達成共識的十條政策措施，稱其為 " 華盛頓共識 "。

歐國家改革經歷成為華盛頓共識的著名反例，因為制度也是內生演化的結果，與文化、習慣、社會結構、思維方式、知識結構等都相關，簡單複製發達國家的制度也很難取得成功。

不管是結構主義，還是華盛頓共識，都是簡單粗暴地要求發展中國家模仿發達國家，是一種切斷歷史的做法。在思維方式上，有冒充上帝的嫌疑。事實上，發展中國家的很多情況都和發達國家不一樣，簡單抄一兩樣作用不大，除非能把所有因素一起照抄。"橘生淮南則為橘，生於淮北則為枳"，說的就是這個道理。北京大學的林毅夫教授提出的比較優勢、動態比較優勢和新結構經濟學的理論，都比較注重產業結構、社會制度的演化，克服了上述簡單拷貝發達國家的問題。從這個意義上講，林毅夫教授比這些經濟學家要高明一些。

林毅夫對新結構經濟學的定義是"關於經濟發展過程中結構及其變遷的一個新古典框架"。這個定義落腳於"新古典框架"，表明了這個理論是尊重市場、基於市場的，發展中國家的發展歷程就是要一步步建立市場。而經濟結構的變遷是一個路徑依賴的演化過程，難以實現產業發展的跳躍。小經濟體，比如香港、新加坡，也許可以通過巨大的外部衝擊實現跳躍發展。但對於大經濟體來說，外部衝擊很難產生持續效果，需要通過逐步的自我演化實現產業升級。實際上，即便香港、新加坡，也走過了低端製造的發展階段。

林毅夫的"動態比較優勢"概念就是指，落後國家需要慢慢積累生產能力，逐步改變稟賦結構和比較優勢，從一開始的農業升級為簡單加工製造，再發展到高級一點的製造，再升級為重工業，以及技術更加密集的產業。在這個過程中，資本逐漸積累，教育水平逐漸提高，市場制度逐漸完善，最終實現經濟發展水平的趕超。林毅夫自己認為新結構經濟學是發展經濟學的第三波，就是與前面的結構主義和華盛頓共識相區別。

我與林毅夫教授的主要區別有三點。第一，我對政府干預經濟的信心沒有那麼強。林教授比較強調在產業升級過程中政府的協調，甚至主導的作用。現實中，政府在主導產業升級時，有時做得過多，有時做得過少，而且效率比較低。我們研究時可以假設一個高效、廉潔的服務型政府，但這個假設很多時候不成立。政府總有自己的利益考慮，主導產業升級時，可能會造成資源配置的扭曲。在政府的作用這個問題上，我比林教授保守很多。

但是我也反對簡單要求政府完全不干預，要求撇開政府發展經濟的觀點，這些觀點類似於華盛頓共識，假設了一個完美政府的存在，並且假設政府是鐵板一塊，不會走樣。牛頓在尋找第一推動力時找到了上帝，華盛頓共識在尋找最優制度時找到了政府，其他時候政府則為無物，思想方法上是不自洽的，是自相矛盾的。

政府作為現代社會中一個巨大的存在，不能被無視。作為經濟生活中的最重要要素，政府必然會發揮作用，不管是好還是壞。現實的態度，是研究政府的運作模式和利益驅動因素，進而研究政府的行為規律。經濟發展的過程也是社會各方追求自己的利益，建立交易秩序的過程。政府既不是上帝，也不是魔鬼，而是一個重要的、複雜的、相對特殊的市場玩家。政府和市場不是對立的，政府是市場的一部份。

第二，我對中國經驗的解讀和林老師也不完全一致。在我看來，中國的經驗並不特殊，"四小龍"的經驗也不特殊，都是逐步引入市場，讓市場發揮作用，並導致了經濟增長。比如說，出口戰略的本質，除了利用比較優勢參與國際分工與國際競爭外，更重要的是利用了"市場"。出口能夠發展，是因為對"四小龍"這些落後經濟體而言，有一個運轉良好的國外市場存在。

出口貨物這個說法並沒有錯，可是並不到位，更加到位的說法是"進口市場"。發展中國家最稀缺的，並不是生產要素，甚至也不是生產技術，而是抽象的"市場"。通過出口貨物而進口了市場，相當於是一步跨越了歐洲國家幾百年市場建立的歷史，這才是後發國家能夠快速起飛的真正原因。在經濟發展表象背後，隱藏的是市場建立的過程。這是經濟發展的實質所在。

我和林毅夫的第三點不同，是林毅夫認可主流的新古典體系，而我對於目前這一主流理論體系有很大的懷疑。新古典框架的內核是牛頓力學，是靜態的；我認可的經濟學的內核，是生物學的，是演化的。這一經濟學世界觀的不同，決定了我雖然高度評價林毅夫老師的新結構經濟學，認為這可能是當今中國的最好的理論，但卻不認為這是我們要尋找的最好的理論。革命尚未成功，學人仍需努力。

經濟增長的基本事實

最後，我們來梳理一下二戰以後經濟增長的基本事實。這種信息，是我們研究經濟增長必須掌握的背景資料。

附表 1–4 是二戰之後，全世界幾大區塊的經濟增長的基本情況，表格第二列是 2014 年的人均收入水平，其他列是人均收入增長率。全世界平均人均收入是 10 721 美元，OECD 國家是接近 4 萬美元，非 OECD 國家是 4 849 美元，南亞和非洲都有十幾億人口，而這兩個區域的人均年收入僅有 1 000 多美元。這個世界未來的經濟增長很大程度上取決於這兩個區域是否能實現快速增長。當然這並不是說其他地區沒有發展機會，我國 2014 年人均收入約為 7 000 多美元[1]，還有很大的提升空間。

另外，二戰以來，許多地區都曾經實現高速經濟增長。我們主要有兩點結論：第一，高收入國家的增速其實比較高，1950 年至 2014 年，OECD 國家的平均年增長率是 2.38%，而大多數不發達地區的增速低於 OECD 國家，這說明經濟增長 "趨同" 並沒有發生，實際的情況是富國更富，窮國更窮。第二，亞太地區是二戰之後經濟增長最快的地區，是唯一發展速度超過 OECD 國家的落後地區。兩個地區經濟增長率相差 1%，持續 70 年，經濟水平會相差一倍，亞太地區與其他落後地區的經濟增長率差距最終導致了收入水平的巨大差距。

---

1 根據世界銀行數據，中國 2014 年人均 GDP（現價美元）為 7 590 美元。

附表 1–4　二戰後世界各地人均收入增長比較

地區	人均收入（2014）/ 美元	1950年/%	1960年/%	1970年/%	1980年/%	1990年/%	2000年/%	2010年/%	1950–2014年/%
世界	10 721	2.48	3.12	2.03	1.27	1.17	1.32	1.59	1.87
OECD	38 388	3.59	3.79	2.64	2.17	1.80	0.94	1.20	2.38
非 OECD	4 849	2.27	2.64	3.17	1.31	1.33	4.50	4.12	2.65
非高收入國家									
東亞與太平洋	6 240	2.52	1.33	4.99	5.95	6.73	7.95	7.16	5.06
南亞	1 504	0.97	1.65	0.57	3.16	3.29	4.73	5.32	2.61
東歐和中亞	6 874	4.11	3.84	2.65	0.20	-0.94	4.31	3.43	1.43
撒哈拉以南非洲	1 776	1.95	1.81	1.25	-1.14	-0.86	1.95	1.66	0.88
拉美和加勒比	9 091	2.04	2.79	4.24	0.32	0.93	1.54	2.40	2.00
中東和北非	4 313	2.67	2.58	2.57	-1.63	1.87	2.72	-0.05	1.64

數據來源：Angus Maddison 數據庫、世界銀行世界發展指標數據庫。1970 年開始，OECD 國家和非 OECD 國家的人均 GDP 增速都快於世界平均水平，是因為非 OECD 國家人口增長快、人均收入增長快、人均收入權重變大，拉低了世界人均增速。2014 年人均收入為現價美元計算的人均 GDP。

附圖 1–5 是一些發展中國家 1960 年至 2014 年的收入水平增長概況，美國和 OECD 國家收入水平，坐標在右軸，其他國家坐標在左軸。總體而言，圖中的發展中國家在二戰之後至 1980 年經濟快速增長，1980 年至 2000 年，收入水平的增長基本停滯，2000 年之後又開始增長。這個現象與我們平時講的中等收入陷阱基本上是一回事，很多國家在 1980 年到達中等收入水平之後就停止了經濟增長的步伐。經濟增長的背後需要制度、人力資本等因素的支撐，發展中國家發展到一定階段後，不能建立類似於西方的政治、經濟制度，很多摩擦導致了經濟增長的停滯。2000 年後的世界經濟增長與中國的快速經濟增長有重要關係。2000 年之後，中國加入 WTO，中國的出口替代了許多國家的低端勞動力，壓低了成本，

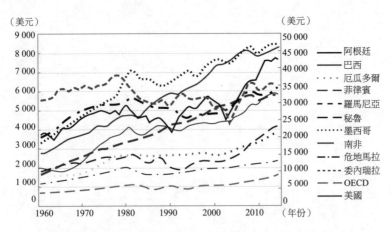

附圖 1–5　發展中國家收入水平增長（1960–2014 年）

數據來源：世界銀行世界發展指標數據庫。

　　　　　　　　從工業化到城市化——未來 30 年經濟增長的可行路徑

中國的進口為許多國家帶來了巨大的市場需求，助推了許多國家的經濟增長，例如，我國從巴西大量進口原材料。全世界高收入國家的人口總量僅有 10.3 億，而我國有 13 億多人口，我國參與全球貿易對世界經濟產生了巨大影響。

阿馬蒂亞·森（Amartya Sen）在北大演講時認為，中等收入陷阱不是一個有用的概念。他的主要意思是不能用一個概念代替背後的分析，這不是有效的分析方式。他要求進一步分析，為什麼經濟到一定階段就會停滯，並強調了人力資本和教育。很多經濟學家反覆強調人力資本和教育的作用，這值得所有關心經濟增長的人注意。

在中國，還有一個因素需要反覆強調，那就是城市化。如果將剩下的 2 億多農業勞動力[1] 解放出來，中國就可以跨越中等收入陷阱。這 2 億多勞動力收入較低，而且願意努力工作，只是目前的制度框架阻礙了他們進入城市。目前來看，城市化政策改革有所放緩。2015 年年初，國務院出台文件[2]，在全國範圍內選 33 個縣，進行封閉試點，實驗農村土地改革和城市化，試驗期為 3 年。這三年內，城市化政策可能不會有大幅推進。

1　根據國家統計局數據，2014 年我國就業人員 7.7 億，第一產業就業人員 2.3 億，第二產業就業人員 2.3 億，第三產業就業人員 3.1 億。

2　2015 年 2 月 25 日，全國人大常委會審議相關決定草案，授權國務院在北京市大興區等 33 個試點縣（市、區）行政區域，暫時調整實施土地管理法、城市房地產管理法關於農村土地徵收、集體經營性建設用地入市、宅基地管理制度的有關規定，允許存量農村集體經營性建設用地使用權出讓、租賃、入股，實行與國有建設用地使用權同等入市、同權同價；下放宅基地審批權限；綜合考慮土地用途和區位、經濟發展水平、人均收入等情況，合理確定土地徵收補償標準。

經濟增長中的資本積累與技術進步 [1]

基於索洛模型的增長核算，忽略了資本積累中 "嵌入" 的技術進步，低估了技術進步對經濟增長的貢獻。經驗上，亞洲 "四小龍" 曾被批評經濟增長中要素增加的貢獻很大，而技術進步的貢獻太小，增長不可持續。但是亞洲金融危機後 "四小龍" 迅速復甦，保持了高速增長，並進入了高收入經濟體行列。長期經濟發展史上，投資率有一個上升的趨勢，美國、德國經濟起飛後的投資率遠高於經濟起飛更早的英國，後來日本的投資率則更高。近年來，印度投資率也隨著經濟增速大幅上升，超過我國 20 世紀 90 年代的水平。對於後發國家而言，新增投資中包含了當時先進的技術，並且

---

1 本文原是作者在反思中國經濟發展，特別是投資在其中的作用時的筆記，緣起在於目前對 "過度投資" 的批評意見很多，但是投資又確實帶來了經濟增長和技術進步。整理成文過程中，為了行文的簡明和流暢，沒有加入太多理論推導和技術性注解。本文亦沒有嘗試做系統全面的文獻綜述，而只是選擇性引用一些相關的文獻，特別是與投資和技術進步的討論有關的文獻。畢竟，關於經濟增長的優秀教科書和文獻綜述已經很多。整理成文的另一個動因，是在北京大學講授經濟增長期間，覺得一些話可能沒有說很清楚，因而也需要對學生有一個補充交代。

使用新資本品過程中可以促進人力資本的累積和技術的進步。簡言之，對於發展中國家而言，投資本身是技術進步的最重要方式。

引言：從索洛模型說起

關於經濟增長的一個基本爭論，是關於技術進步和資本積累在經濟增長中的作用和關係。具體說，到底是技術進步還是資本積累導致了經濟長期增長？這二者對於經濟長期增長的含義有何不同？這二者之間的關係又是什麼，是兩個獨立的過程還是交互的過程？如果是交互的過程，那麼是技術進步導致了資本積累，還是反過來？對於發展中國家還要問，這種關係在發達國家與發展中國家是基本相同，還是有顯著不同？正確回答這些問題對於理解我國的高投資率在經濟發展中的作用，對於未來經濟形勢的判斷，以及政策制定，都具有基礎性的意義。

羅伯特·索洛在 1956 年創建的索洛模型，是研究經濟增長的基準模型，對後來的理論與實證研究，都產生了深遠的影響。[1] 這

---

1 幾乎與索洛同時創建索洛模型的是斯旺（Swan）。在索洛模型中，儲蓄率是外生的，後來卡斯（Cass）和科普曼斯（Koopmans）等人引入家庭的最優決策，把儲蓄率內生，拓展了索洛模型，因而索洛模型也被稱作 Solow-Swan-Cass-Koopmans 模型。相關文獻參見（1）R. Solow, "A contribution to the theory of economic growth", *Quarterly Journal of Economics,* vol. 70, no. 1, 1956, pp. 65–94.（2）T. Swan, "Economic growth and capital accumulation", *Economic record,* vol.32, 1956, pp. 344–61.（3）D. Cass, "Optimum Growth in an Aggregative Model of Capital Accumulation", *The Review of Economic Studies*, vol. 32, no. 3, 1965, pp. 233–240.（4）T. C. Koopmans, "On The Concept of Optimal Economic Growth", in The Econometric Approach to Development Planning, Amsterdam: North-Holland, pp. 225–195.

一模型把經濟增長歸結為要素增長和技術進步，推導出穩態的增長路徑和決定參數，提供了一個描述和理解經濟增長的可操作的參照系統。後來的經濟增長模型，包括內生增長模型，都是在索洛模型的基礎上進行的改進和擴展。[1]

簡而言之，索洛模型把產出寫成資本和勞動的函數：$Y=AF(K, L)$。其中，K 代表資本，L 代表勞動，A 代表生產技術，給定資本和勞動投入，產出隨著 A 的提高而增加。文獻中經常使用的柯布－道格拉斯生產函數，即 $Y=AK\alpha L1-\alpha$，具有邊際收益遞減，規模報酬不變，資本與勞動的收入份額不變等重要性質，這些性質給建立和推導模型帶來很大便利，也可以幫助描述、概括一些常見的增長特徵。

索洛模型的一個重要應用，就是利用增長核算的方法對經濟增長進行分解，也就是把經濟增長分解為"要素投入增加"和"技術

---

[1] 代表性的內生增長模型包括 *AK* 模型，參見（1）K. J. Arrow, "The Economic Implications of Learning by Doing", *The Review of Economic Studies*, vol. 29, no. 3, 1962, pp. 155–173.（2）M. Frankel, "The Production Function in Allocation and Growth: A Synthesis", *The American Economic Review*, vol. 52, no. 5, 1962, pp. 996–1022.（3）P. M. Romer, "Increasing Returns and Long–Run Growth", *Journal of Political Economy*, vol. 94, no. 5, 1986, pp. 1002–1037.（4）R. E. Lucas, "On the mechanics of economic development", *Journal of Monetary Economics*, vol. 22, no. 1, 1988, pp. 3–42. 產品多樣性模型，參見（5）P. M. Romer, "Growth Based on Increasing Returns Due to Specialization", *The American Economic Review*, vol. 77, no. 2, Papers and Proceedings of the Ninety-Ninth Annual Meeting of the American Economic Association, 1987, pp. 56–62.（6）P. M. Romer, "Endogenous technological change", *Journal of Political Economy*, vol. 98, no. 5, 1990, pp. 71–102. 和熊彼特類型模型，參見（7）P. Aghion and P. Howitt, "A model of growth through creative destruction", *Econometrica*, vol. 60, 1992, pp. 323–351.

進步"兩部份，前者包括勞動人口的增加、人力資本的增加、資本的積累，後者包括科學技術知識的進步、規模經濟、資源配置效率的提升等。[1]

這一分解的意義在於分析經濟增長的來源。倘若一個經濟的增長僅僅依賴於投入的增加，而不是技術進步，那麼這種增長將是不可持續的。原因很簡單，任何一個經濟的要素資源都是有限的，特別是勞動力資源是有限的，要素投入不可能無限增加。更重要的是，要素投入增加還受到邊際收益遞減的約束，無法成為持續的經濟增長的源泉。相反，技術進步可以是無限的，而且不受邊際收益遞減的約束。索洛模型的一個重要貢獻，就是清晰說明只有技術進步才能維持長期的、持續的經濟增長。

索洛模型的這一含義，被廣泛接受和傳播，對於人們觀察和思

---

1 增長核算首先由索洛本人提出，後來對增長的實證研究產生了重要的影響，成為理解經濟增長的一種重要方法，參見（1）R. Solow, "Technical change and the aggregate production function", *Review of Economics and Statistics*, vol. 39, no. 3, 1957, pp. 312–20。早期的代表性文獻還包括（2）J. W. Kendrick, "Front matter, Productivity Trends in the United States", NBER working paper, 1961.（3）E. F. Denison, The Sources of Economic Growth in the United States and the Alternatives Before Us, Washington, DC: Committee for Economic Development, 1962.（4）D. W. Jorgenson and Z. Griliches, "The Explanation of Productivity Change", *The Review of Economic Studies*, vol. 34, no. 3, 1967, pp. 249–283. 近年來，應用增長核算的方法理解亞洲經濟增長引起了廣泛爭議，參見（5）A. Young, "The Tyranny of Numbers: Confronting the Statistical Realities of the East Asian Growth Experience", *Quarterly Journal of Economics*, vol. 110, no. 3, 1995, pp. 641–80.（6）A. Young, "Gold into Base Metals: Productivity Growth in the People's Republic of China during the Reform Period," *Journal of Political Economy*, vol. 111, 2003, pp. 1220–1261.（7）C. T. Hsieh, "What Explains the Industrial Revolution in East Asia? Evidence From the Factor Markets", *The American Economic Review*, vol. 92, no. 3, 2002, pp. 502–526.

附錄 2　經濟增長中的資本積累與技術進步

考經濟增長，有著深遠的影響。比如說，我國的投資一直增長很快，遠快於 GDP 的增長，投資佔 GDP 的比重也很大，且有上升的趨勢（附圖 2–1），近年來接近 GDP 的差不多一半，引發投資是否過度，經濟增長是否能夠持續的爭論和擔心。這一爭論對於思考未來的經濟增長和政策制定有著方向性的意義。

再比如，亞洲"四小龍"雖然保持了長期的高速增長，但是也沒能逃脫增長主要依靠要素累積，技術進步貢獻很少的批評。在 20 世紀 90 年代，特別是亞洲金融危機以後，"四小龍"的增長模式受到很多批評。這些擔心和批評無疑是合理的、重要的，但是事關對於未來經濟增長的判斷，事關基本的經濟政策導向，還是要大膽批評，小心求證。經濟分析雖然並不複雜，卻往往是"差之毫厘，謬以千里"。[1]

---

1 經濟現象的兩個重要特點導致了方法論上的困境。其一，人們都具有一定的經濟常識，因而經濟分析看起來是一個進入門檻很低的行業。然而，經濟現象和所有的社會現象一樣，其實非常複雜，影響因素很多，必須充分積累，全面觀察，才能得到較為全面的理解，進行較為準確的分析。只掌握部份的觀察，或者有意無意忽略一些重要的方面，往往導致片面的解讀甚至誤導。其二，數理方法的運用大幅推動了現代經濟分析，對經濟學的進步做出了重要的貢獻。然而，數理方法的一個難點是有些重要的因素難以量化而被忽略，導致分析結果可能產生偏差。另外，數理方法抽象掉了一些重要的對真實世界的觀察，這本身無可厚非，因為每一種方法都有所側重。但是，需要把抽象掉的重要觀察補回來，結合使用數理方法和經驗觀察，才會有較好的分析和結論，否則也容易導致偏差和誤導。

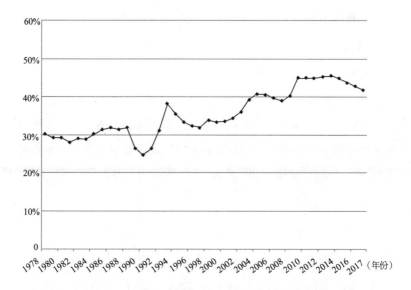

附圖 2–1　資本形成總額佔 GDP 的比重（1978–2017 年）

數據來源：歷年《中國統計年鑒》。

增長核算遺漏了什麼？

　　還是從索洛的經典分析說起。在索洛模型中，以及後來的拓展中，技術進步由一個獨立的參數（經常用字母 A 指代）來表示，或者外生，或者內生，但是與資本積累都是分開的。這裏面不甚清楚的是，技術進步在現實經濟中是如何體現的。理論分析中，可以用一個參數來表示技術進步，這樣數學上也很好處理。然而，現實中的技術進步，卻不僅僅是一個抽象的參數，而是要有實實在在的載體。

附錄 2　經濟增長中的資本積累與技術進步

新技術的有效應用，和幾個關鍵的要素是聯繫在一起的：（1）新的機器設備，比如說新的煉鋼技術，需要對應的一整套設備；（2）輔助新技術、新設備、新產品的基礎設施，比如說，沒有便利的交通，無論什麼產品都運不出去，也就談不上打開市場了；（3）新的生產要素的採用，比如說，農業技術的進步，與化肥、農藥、種子的不斷發明和改進是分不開的；（4）具有使用新要素，操作新機器的人，這裏面不僅需要基礎教育，還需要專業培訓；（5）與新技術、新的生產方式相適應的新的生產組織方式。

　　上面這五大要素，大都是需要投資的，包括固定資產投資、研發投資、人力資本投資。然而，在增長核算當中，其中很大部份的投資，包括全部固定資產投資和研發投資，都是算入資本積累的。由於技術進步在增長核算中是扣除所有要素增長後的殘差，因而這些記入投資的項目都增加要素積累的貢獻，同時降低技術進步的貢獻。[1]

　　需要追問的是，倘若沒有這些投資，技術進步如何實現？實驗室裏的成果，最終是要固化在機器設備中的。新的生產要素，人力

1　人力資本投資大部份情況下不計入投資。家庭的學校教育支出是記入消費的，企業的培訓支出一般也不計入投資，公共支出中的教育支出也不計入投資。倘若這些支出計入投資而形成人力資本，那麼資本存量將增加，索洛殘差將減少。在增長核算中，要素增加是從國民經濟統計中直接核算出來的，從經濟增長中扣除要素增加的貢獻，就得到技術進步的貢獻，因而，技術進步也被稱作“索洛殘差”。因為增長核算並不直接計算技術進步，而只是用一個殘差項來替代，因而討論中也稱之為“對於經濟增長的原因的無知”，參見 M. Abramovitz, "Resource and Output Trends in the United States Since 1870", *The American Economic Review*, vol. 46, no. 2, 1956, pp. 5–23.

資本所代表的技能，也是要和恰當的機器設備結合才能帶來生產力。沒有這些投資，技術進步是無法與經濟增長結合的。這一層討論的含義是，投資既帶來資本積累，也體現了技術進步。根據索洛模型進行的增長核算，可能忽略了資本積累中包含的技術進步，因而低估了技術進步的貢獻。

回首亞洲金融危機：不同增長路徑下的 "技術進步"

一個典型的例子，就是著名經濟學家保羅·克魯格曼關於 "亞洲無奇跡" 的著名論斷。1994 年，克魯格曼在《外交事務》（*Foreign Affairs*）雜誌發表題為《亞洲奇跡的神話》（The Myth of Asia's Miracle）的文章，分析韓國、台灣、香港、新加坡這亞洲 "四小龍" 的增長因素，發現東亞經濟體的經濟增長靠的主要是要素投入的增加，也就是高勞動參與率、高儲蓄、高投資，而非技術進步。因為要素投入總有限度，而且邊際產出遞減，在這一證據基礎上，克魯格曼做出了 "亞洲無奇跡" 的著名論斷，並預言 "亞洲奇跡" 難以持續。[1]

克魯格曼是一個雄辯的寫手，在蘇聯剛剛解體、東歐國家剛剛發生劇變的背景下，他把亞洲 "四小龍" 與蘇聯類比，指出二者的共同之處在於經濟增長當中都沒有技術進步，確實讓人猛然警醒。

1　P. Krugman, "The Myth of Asia's Miracle", *Foreign Affairs*, vol. 73, no. 6, 1994, pp. 62–78.

在克魯格曼的眼裏，亞洲"四小龍"和蘇聯一樣是"紙老虎"，無法對西方發達國家的經濟地位形成威脅。把經濟增長問題置於國際競爭的語境下討論，亦增加了克魯格曼文章的影響。

克魯格曼無疑是幸運的，他在亞洲金融危機爆發之前做出了這一論斷，隨著亞洲金融危機的爆發，他聲名鵲起，被認為是"成功預測了"亞洲金融危機的人。

克魯格曼的這一預言，為部份觀察研究中國經濟發展的人津津樂道，還有一個重要的原因，就是中國內地的經濟增長也嚴重依賴投資，比起亞洲"四小龍"等經濟體有過之而無不及。克魯格曼對亞洲"四小龍"的批評，對中國內地也毫無疑問是適用的。近年來討論中，對於我們投資過高的批評，也是不絕於耳。

然而，將近 20 年以後，回頭再看克魯格曼的批評，值得商榷之處頗多。首先，哪一個經濟體不經歷經濟波動？發展中國家的經濟發展波動很大，其間不乏大起大落，拉美國家的經驗就是明證。即便是美國也經歷過大蕭條，而且大約每 10 年就經歷一次經濟衰退，大約每 30 年經歷一次大的經濟危機，但是似乎沒有人說美國的經濟增長沒有技術含量。畢竟，經濟週期和經濟增長是兩個問題，不能拿經濟波動現象來討論經濟增長。

其次，亞洲金融危機以後，這些經濟體的表現明顯超過世界平均水平。附表 2-1 比較了 2000–2017 年東南亞、發達國家和世界平均經濟增長速度，發現東南亞國家的增長速度還是要快得多，大約有 4.79%，而世界平均只有 2.89%，東亞國家比世界平均快了超過

1.9 個百分點，比高收入 OECD 國家更是快了超過 3 個百分點。為了剔除 2007 年以來美國次貸危機和全球金融危機的影響，附表 2-1 進一步比較了 2000–2007 年的情況，發現大致同樣的結論。熟悉經濟增長的人應該很了解的是，2～3 個百分點的差別，可是非常大的。在 20 世紀以前，超過 1% 的經濟增長，被廣泛認為是不可能的。再舉個例子來說，倘若歐美經濟增速多出 2 個百分點，那麼主權債務就會很容易被經濟增長消化掉，就不會有那麼多人討論歐洲債務危機了，甚至不會有"歐債危機"這個詞。

需要指出的是，隨著經濟的進一步發展，一些國家的科技也在提升，產業也在迅速升級當中。比如說韓國，在金融危機以後迅速恢復，十年間的平均增速達到 5.16%，人均 GDP 達到 2 萬美元以上，而且韓國在電子、汽車等產業的技術進步是有目共睹的。

最後，倘若拉長歷史的視角，二戰以後很少有國家（地區）能夠保持長時間的高速增長，跨越中等收入陷阱，步入高收入國家行列。除去富於石油等自然資源的國家，亞洲"四小龍"是為數不多的例外。從這個角度講，"四小龍"是無愧於"奇跡"一詞的。

然而，我們依然還需要回答一個問題，就是為何根據同樣的增長核算方法，發達國家經濟增長中技術進步的份額要大很多，而亞洲"四小龍"卻要小很多。根據著名增長經濟學家羅伯特·索洛、愛德華·丹尼森（Edward F. Denison）等人的計算，美國的經濟增長中，大約只有 1/8 歸因於資本積累，1/4 歸因於人口增加，1/6 歸因於教育水平提高，剩下的大約 50% 歸因於資源配置優化、規模

附表 2-1 亞洲金融危機後的東南亞和世界經濟增長

| | 年均 GDP 增長率 /% | | | 人均 GDP |
	2000–2017	2000–2007	2010–2017	（2017 美元現價）
香港	3.83	5.28	3.42	46 193
台灣	3.62	4.84	3.44	24 318
韓國	4.11	5.39	3.43	29 742
新加坡	5.25	6.39	5.30	57 714
平均	4.20	5.48	3.90	39 492
印度尼西亞	5.28	5.05	5.49	3 847
馬來西亞	5.08	5.55	5.50	9 944
泰國	4.01	5.26	3.66	6 593
平均	4.79	5.29	4.88	6 795
日本	0.94	1.47	1.49	38 428
美國	1.95	2.65	2.15	59 532
OECD：高收入國家	1.76	2.49	1.91	48 454
OECD：所有國家	1.81	2.53	2.00	38 149
世界平均	2.89	3.52	3.00	10 714

數據來源：台灣數據來自台灣統計局，其他國家和地區數據來自世界銀行的世界發展指標數據庫。

經濟、知識積累等因素，而這些都歸入廣義的"技術進步"。

作為比較，根據另一位增長經濟專家阿倫·揚（Alan Young）的仔細計算，亞洲"四小龍"的增長中技術進步的貢獻要小得多，其中香港好一些，但也只有30%，台灣和韓國分別只有28%和17%，而新加坡的技術進步的貢獻只有2%，只考慮製造業的話甚至是負數。這些人都是嚴謹的學者，他們的計算結果值得仔細揣摩。

其中新加坡的情形比較極端，也很有啟發性。根據阿倫·揚的計算，1970–1990年20年間，整個經濟增長中技術進步的貢獻幾乎為零，只考慮製造業的話甚至為負。然而，很難相信新加坡20年的經濟增長中沒有技術進步的貢獻。何況，新加坡的增長速度、人均收入在亞洲"四小龍"中是最好的，很難相信技術進步貢獻最小的國家最後表現最好。

舉一個簡單的例子。假設新加坡做的是最簡單的加工製造，為了擴大生產而買了一台新型設備，可以大大增加生產能力，大大提高勞動生產率。根據增長核算，這是一筆投資，是不計入技術進步的。然而，這種方法沒有考慮新型設備中包含的新技術，也沒有考慮新設備帶來的生產中進行的所有人力資本積累。實際上，新技術總是要體現在新的機器設備，或者其他生產要素當中的，否則新技術如何進入生產？

上面的例子說明傳統的增長核算低估了技術進步對於經濟增長的貢獻。倘若如此，依然有一個問題需要回答，就是為何這種低估

在亞洲"四小龍"比在美國要大得多？畢竟方法是一樣的，如果低
估的程度是一樣的，就依然不能解釋上述差別。

其實這不難理解。發達國家處於科技的前沿，在發展過程中需
要不斷研發，而且在漫長的發展過程中，不斷提高教育投入。在此
期間，物質資本逐步積累，人力資本也逐步增加，技術水平逐步進
步，資源配置方式慢慢變化，生產組織效率逐步提高。在這個過程
中，資本積累的速度比較慢，而且由於時間跨度大，折舊也比較
多，而技術水平、資源配置方式、生產組織效率的提高，都會反映
在索洛殘差當中，被增長核算解讀為廣義的技術進步。

相比較而言，東亞國家是後發國家，主要利用、改進現有技
術，在短時間內通過購買現成的設備，提升基礎設施來吸收、利用
現有技術，並且和受過良好基礎教育的勞動力人口進行結合，配套
引進生產組織方式。這樣，東亞國家的經濟增長，更多地表現在投
資增長上，並不奇怪。各國發展路徑不同，表現出不同的特徵也是
自然的，理應進行具體分析，而不是強求簡單雷同。[1]

克魯格曼在貿易領域卓有建樹，並因此獲得諾貝爾經濟學獎，
其經濟學造詣毋庸置疑。然而克魯格曼對於增長核算的應用，卻值
得商榷，至少在細節上值得商榷。細節決定成敗，經濟分析往往是

---

[1] 關於東亞經濟增長模式的爭論，參見（1）E. Chen, "The total factor productivity debate:
    determinants of economic growth in East Asia", *Asian-Pacific Economic Literature*, vol. 11,
    no. 1, 1997, pp 18–38.（2）鄭玉歆：《全要素生產率的測算及其增長的規律－由東亞增
    長模式的爭論談起》，《數量經濟技術經濟研究》，1998 年第 10 期，28–34 頁.（3）林
    毅夫、任若恩：《關於東亞經濟增長模式的再討論》，《經濟研究》，2007 年第 8 期。

差之毫厘，謬以千里的。特別值得反思的是，我們對於投資在經濟發展中的作用，是否有一些偏見？對於研究經濟增長的學生來說，還要進一步反思已有模型的缺陷，或者對已有模型的誤讀，以及產生的誤導。

發達國家早期的"過度投資"

在反思了有關亞洲"四小龍"的爭論以後，我們可以進一步把歷史的廣角鏡繼續往前倒推。"四小龍"的經濟增長被批評依賴要素投入，特別是高投資，那麼在發達國家早期的歷史上是不是也有投資過高的批評？早期的資本、勞動力、教育等各種數據比較難以獲得，有的數據的質量也令人擔憂，計算全要素生產率比較困難，因此我們主要看發達國家的歷史上是否也存在"過度投資"。

工業革命以來，英國、荷蘭率先經濟起飛，比利時、法國等其他歐洲國家緊隨其後，然後美國、加拿大等先後接過了經濟起飛的接力棒，二戰以後則是日本等國家。換一個角度來看，相對於更早起飛，當時已經相對"發達"的英國、法國等國家，美國、加拿大、日本等國家在歷史上的一些時段都可以看作是"發展中國家"。此外，二戰以後的重建時期，很多受到戰火破壞的國家收入水平低於戰前，但是世界的技術進步並未停止，這些國家也可以看作是"發展中國家"。這樣，倘若我們上文的邏輯正確，應該觀測到一種趨勢，就是從英國、法國到美國、澳大利亞、日本，我們應該觀測到投資率的上升。也就是說，在美國高速發展的階段，其投資率應該比早期的英國高很多，而後來日本的儲蓄率應該比美國高一些。

蒐集整理經濟發展的早期歷史，看起來證據支持這種猜測，附表 2–2 總結了一些代表性發達經濟體早期的投資率。1780 年以前，英國投資率只有 5% 左右，到了 1870 年投資率也不到 10%，其後的投資率大致穩定在這一水平，一直不太高，二戰以後的恢復時期也只有 16%。相對於英國，經濟起飛稍晚一點的意大利、丹麥、挪威、瑞典等國家的投資率要高一些，一戰以前達到了 15% 左右的水平，大約比英國提高了 5 個百分點。

從 1870 年到一戰爆發以前的 40 多年時間裏，德國、美國、加拿大的經濟發展很快，人均收入都翻了一番還要多，而英國、意大利等國只增長了大約 50%。相應地，德國、美國、加拿大的投資率也進一步上升，達到 20% 左右，比意大利、丹麥、挪威、瑞典等國家又上升了 5 個百分點。

從 1914–1945 年間，世界經歷了兩次世界大戰，其間大部份國家的投資率有所下降，比如英國、德國、美國、加拿大，但是也有例外，比如意大利。二戰以後的重建時期，大部份國家的投資率有明顯上升，除英國外都達到了 20% 以上，其中挪威達到了 30% 左右。二戰以後經濟起飛的代表是日本，投資率達到 30%，這已經是大家很熟悉的情況。

附表 2-2　　發達國家與新興發達經濟體早期的投資率

國家	年份	投資／GDP
英國	1770 年之前	5%
	1800–1830 年	7%
	1895–1914 年	10%
	1952–1958 年	16%
意大利	1880 年左右	10%
	1896–1915 年	15%
	1946–1955 年	21%
德國	1851–1870 年	13%
	1871–1890 年	18%
	1891–1913 年	23%
	1952–1958 年	24%
美國	1840 年左右	14%
	1890 年左右	22%
	1946–1955 年	22%
加拿大	1870–1915 年	20%
	1896–1915 年	23%
	1921–1940 年	23%
日本	1887–1906 年	10%
	1897–1916 年	11%
	1952–1958 年	30%
新加坡	1960–1969 年	18%
	1970–1979 年	35%
	1980–1989 年	39%
台灣	1951–1965 年	14%
	1966–1973 年	22%
	1974–1999 年	26%
韓國	1953–1965 年	11%
	1966–1976 年	25%
	1977–1989 年	31%
	1990–1997 年	37.5%

國家	年份	投資／GDP
印度	1968–1980 年	17%
	1981–1999 年	24%
	2000–2017 年	31%

數據來源：發達國家數據摘自 S. Kuznets, "Quantitative Aspects of the Economic Growth of Nations: VI. Long-Term Trends in Capital Formation Proportions", *Economic Development and Cultural Change*, vol. 9, no. 4, 1961, pp. 1–124. 為簡明計，合並了一些年份，並省略了兩次世界大戰期間及其中間的數據。新興經濟體數據來自新加坡統計局、中國台灣統計局、韓國央行及世界銀行的世界發展指標數據庫。

從 18 世紀 60 年代到 20 世紀 60 年代這大約 200 年的時間，是世界經濟發展的分水嶺。在此之前，世界經濟的增長很緩慢，東西方的差距也不大。在這 200 年間，歐洲完成了工業革命，成為經濟比較發達的國家。而進一步細看這 200 年，我們發現經濟起飛早、增長時間長、增長速度慢的國家的投資率要低一些，而經濟起飛晚、增長時間短、增長快的國家的投資率要高一些。直觀上這其實很好理解，後發國家直接利用先進技術，短時間內需要購置更多設備，收入的增長濃縮在更短時間裏，投資率自然高一些。

一個有意思的問題是，當初德國、美國、加拿大等國家的投資率遠高於當時的發達國家英國，更加遠高於英國歷史上的投資率，不知當時有沒有很多"過度投資"的熱烈爭論？倘若有，不知事後人們怎麼看。

近年來印度的經驗也很有意思。我國的學者時常喜歡把中國與印度做比較，因為印度和我國既有人口總量、國土面積等方面的可比性，又有很多不同，比如政治制度、宗教傳統、經濟結構等。傳統上，印度的投資率一直不是很高，新世紀以前基本在 25% 以下。附圖 2–2 左縱坐標為資本形成總額、製造業增加值佔 GDP 比重，右縱坐標為淨出口佔 GDP 比重。可是進入 21 世紀以來，印度經濟增長的加速伴隨著投資率的大幅上升，2004 年以來達到 30% 以上，2007 年以來更是達到了 35% 以上。按照 "傳統" 的國際比較，這也是高得異常的投資率。別忘了，現在印度的人均收入還只有 1 500 多美元，可比價格計算相當於我國 20 世紀 90 年代中後期的水平，而那時我國的投資率還不到 35%，低於現在印度的投資率。隨著印度經濟的進一步發展，印度的投資率有可能會進一步上升，會不會像我國一樣達到 45% 以上，讓我們拭目以待。

需要指出的是，印度的經驗也可以幫助撇開一些容易引起混淆的因素。第一，印度的服務業相對很發達，但是製造業並不發達，製造業增加值佔 GDP 的比重不到 15%，但是投資率依然可以很高，說明投資率和製造業雖然相關，但並不是必然的關係。倘若印度的製造業更發達，投資率有可能還要高一些。第二，印度大多數年份是一個淨進口的國家，說明投資率高和淨出口也沒有必然的關係。淨出口相當於國內在國外的淨儲蓄，淨出口多的話，意味著國內的儲蓄超過了國內的投資而已。在國內投資需求受到資金約束的情況下，投資率會因為儲蓄的增加而增加，淨進口不過是利用了國外的儲蓄而已。

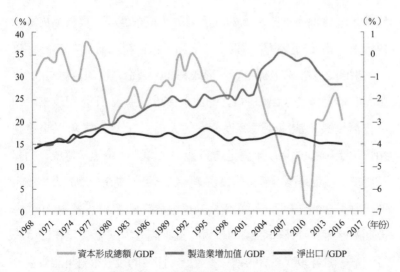

附圖 2–2　印度的投資、製造業和淨出口（1968–2017 年）

數據來源：世界銀行世界發展指標（World Development Indicator, WDI）數據庫。

反思增長模型

　　上述理論分析，以及對於歷史和近年來的國際經驗的討論，都表明增長核算方法低估了投資對於技術進步和長期經濟增長的作用，且低估的程度在處於落後、學習地位的發展中國家可能要大一些。一個重要的渠道，是落後國家可以通過投資吸收採用先進技術，促進技術進步，以及人力資本的積累。

　　實際上，文獻中對於這一問題早有探討。增長核算方法的創始人，同時也是索洛模型的創立者，羅伯特·索洛本人早在 1960

　　　　　　　從工業化到城市化——未來 30 年經濟增長的可行路徑

年，就提出了投資當中蘊涵著技術進步的觀點，並命名為"嵌入式技術進步"（embodied technology progress），也就是說技術進步是"嵌入"在資本形成當中的。[1] 後來的研究也試圖在增長核算中考慮這一因素，對增長核算進行調整。然而，調整的結果卻遠不如人意。例如，一種主流的方法傾向於用投資價格指數修正實際投資，由於投資品價格趨於下降，這一方法實際上誇大了投資的貢獻，進一步低估了技術進步的貢獻。

索洛引入了"嵌入式技術進步"這一重要概念，但是同時也產生了新的問題。索洛意義上的嵌入式技術進步，只考慮了資本累積過程本身的技術進步，也就是生產資本品的成本減少，但是沒有考慮新的資本品蘊涵了新的技術和生產能力。準確而言，索洛意義上的"嵌入式技術進步"，表達的是生產資本品需要的投入的減少，也就是生產每一個單位的資本品（比如機器設備）耗費的資源減少，這實際上是資本品部門相對於消費品部門的技術進步，或者稱之為"相對技術進步"，而不是"總體技術進步"。

在古典索洛模型的抽象世界裏，只有一個消費品，並且資本品是從消費品轉變而來的，這時資本品部門的"相對技術進步"其實也反映了一些"總體技術進步"的成分。實際上，在這一簡化的世界裏，消費品是"計價物"，資本品可以視為存儲和（擴大）再生

1　R. Solow, "Investment and technological progress", in K. Arrow, S. Karlin and P. Suppes, eds., Mathematical methods in the social sciences 1959, Stanford, Calif.: Stanford University Press, 1960, pp. 89–104.

產消費品的一種設備。生產資本品消耗的消費品的減少，其實可以看作是存儲技術的進步，並可以進一步看作是生產消費品的技術的進步。從這個角度理解，"相對技術進步"也包含了一般性的生產技術的進步。

然而，"相對技術進步"與"總體技術進步"依然不同。即便在最簡單的索洛模型中，資本依然要和勞動結合來生產，製造最終產出，這一過程中體現在生產函數當中。生產函數的變化，是索洛意義上的"嵌入式技術進步"無法體現的。比如說，人們研發出一種新的技術，可以大幅提高產出，這種技術體現在一種新的設備（以及與設備配套的人力）當中。這種新設備可能耗費很多資源，也可能耗費很少資源，但是其代表的生產能力與生產設備耗費的資源數量是兩個維度的概念。索洛意義上的"嵌入式技術進步"只能體現後者，而不能體現前者。舉一個例子，現在的電子計算機質量越來越好，價格越來越便宜，這是生產計算機的技術進步的結果，但是計算機普及使用能夠帶來的技術進步，卻是另外一回事。

可見，索洛（1960）倡導的"嵌入式技術進步"，其實只是狹義的技術嵌入，而廣義的技術嵌入，需要考慮新的資本中蘊涵的新的生產技術。在數學表達上，索洛意義上的技術嵌入只考慮了總生產函數：$Y=AF(K, L)$ 中 K 的累積方式的變化，而沒有考慮其實生產技術 A 應該是資本 K 的函數。這樣生產函數就可以寫作 $Y=A(K)$ $F(K, L)$。

這樣的生產函數能夠表達廣義的"嵌入式技術進步"的思想，

但是也帶來了數學處理上的變化。比如說，常用的柯布－道格拉斯生產函數就不再適用了，因為如果生產技術 A 是資本 K 的函數，如果不對這個函數形式加以約束，那麼總體生產函數的形式就應該是不斷變化的。理論上，我們可以對 $A(K)$ 的形式加以約束，使得總體生產函數依然保持類似於柯布－道格拉斯生產函數的形式。最簡單情形，假設 A 是 K 的指數函數（當指數為 1 時退化為線性函數），而 F 依然是柯布－道格拉斯生產函數形式，那麼總體生產函數依然是指數形式，但是資本項的指數變大，而且指數的和要大於 1。但是此時的一個重要變化是，當柯布－道格拉斯生產函數的指數和大於 1，如何進行增長核算？如果進行慣常的增長核算，會產生什麼樣的結果？應該進行什麼樣的修正？應該如何解讀？

但是在生產函數的指數和大於 1 的情況下，如果一定要進行增長核算，需要給資本項一個大於常見的資本份額的指數（也就是資本累積對經濟增長的貢獻的權重），這時會減小索洛殘差。倘若這個指數足夠大，那麼索洛殘差項可以等於零，甚至小於零。背後的經濟邏輯是，由於技術進步的外部性，以及技術進步嵌入在資本累積當中，資本累積也具有"外部性"，或者稱為"溢出效應"。倘若繼續按慣常的方法賦予權重，則資本中包含的技術進步的貢獻沒有考慮，索洛殘差被高估。

這裏可能有一點奇怪，就是考慮了嵌入式技術進步以後作為"技術進步"的代表的索洛殘差會進一步減小。理解這一點的切入點在於，如果我們考慮了所有的因素而沒有遺漏，索洛殘差理論上應該為零。索洛殘差之所以大，就是因為我們遺漏的多。現在我們少遺漏了一項嵌入在資本積累中的技術進步，因而索洛殘差變小了。

回到新加坡的例子。根據阿倫・揚（1995）的核算，新加坡的增長中技術進步的成分很低，無非說是索洛殘差很低。其實這不難理解。作為一個具有啟發意義的比方，不妨把新加坡經濟簡化理解為把幾個先進的工廠搬到一個島上，經濟生活的其他方面都不發生變化，經濟增長體現為這幾個工廠的產出的增長。這種情況下，工廠雇用的資本和勞動力可以完全解釋工廠的產出的增加，因而沒有留下太大的殘差。一定要找殘差的話，不妨把這些工廠的利潤當作是殘差，因為利潤是支付了生產成本、資本和勞動收入份額之後的剩餘。現實中我們知道新加坡政府的主權基金數目可觀，反映新加坡企業的利潤不菲。[1] 從這個角度看新加坡經濟並非沒有索洛殘差，而是有很大的索洛殘差。[2] 相比之下，香港、台灣、韓國等經濟體的較大的索洛殘差，更多反映了這些經濟體的經濟組織的變化。這些經濟體比新加坡大許多，經濟組織形式複雜許多，不像新加坡那樣簡單地可以用幾個先進工廠來等價。當然，這些都是一個程度

---

1 根據美國主權財富基金研究所（Sovereign Wealth Fund Institute）的統計，到 2012 年，新加坡的主權債投資基金為 2 475 億美元（http://www.swfinstitute.org/fund-rankings/），這一數字與新加坡的年度 GDP 相當。

2 把利潤等同於索洛殘差只是一個比喻的說法。一個重要的區別是利潤去除了利息，但是包含了自有資本的回報，因而利潤實際上包含了資本的收入份額和索洛殘差兩個部份。

的問題。

如此修改生產函數的情況下，對於索洛殘差的解釋也要發生一點變化。首先，這時候索洛殘差的概念不一樣了，我們不能再說索洛殘差是技術進步，至少不能是全部的技術進步，因為部份的技術進步已經在資本積累中體現了。其次，我們甚至也不能說索洛殘差是我們對經濟增長的無知。一個更準確的說法，是索洛殘差是我們對於經濟增長的無知的部份，我們知道的部份，已經被分解出來了。最後，把索洛殘差解讀為"全要素生產率"，容易產生誤導，也與拓展的生產函數不符合，不妨考慮放棄這種解讀。

有一點無論如何應該明確，那就是增長核算的目標，本來就不應該是尋找一個大的索洛殘差，而是達到盡量小的索洛殘差。理想狀況下，如果考慮了所有的增長貢獻因素，索洛殘差應該等於零。

內生增長理論與"嵌入式技術進步"

索洛模型假定技術進步外生，後來的內生經濟增長理論把技術進步內生了，從而拓展了索洛模型。[1] 這些內生增長模型，把技術進步內生了，但是對於資本積累與技術進步的關係，特別是嵌入式技術進步的理解，並沒有投入太大的注意力。

1　代表性的內生增長模型包括 AK 模型 [Arrow (1962), Frankel (1962), Romer (1986), Lucas (1988)]，產品多樣性模型 [Romer (1987, 1990)] 和熊彼特類型模型 [Aghion 和 Howitt (1992)]。

當然，新的資本品中包含著新技術這一點，是繞不開的。其實在早期的 *AK* 模型中，就已經明確涉及了"嵌入式技術進步"的概念。早在 1962 年，肯尼思·阿羅在探討經驗積累與技術進步的關係時，就大膽根據資本品必然與生產伴隨的觀察，採用資本存量作為經驗累積的一個間接測量。阿羅假定新的資本品總是比舊的資本品帶來的產量高，這裏面就蘊含了"嵌入式技術進步"的概念。

然而，阿羅的側重點在於"幹中學"，在他的模型裏，技術進步是資本存量的函數，資本存量是生產經驗的一個測度，生產經驗的多少決定了技術進步的快慢，因為知識是在生產活動中產生的。而且，阿羅在文中也指出，他僅僅考察了在生產資本品過程中的學習和知識累積，沒有考慮在使用資本品過程中的學習和知識積累，而後者其實對於發展中國家具有重要的意義：發展中國家通過購買資本品，與自己的勞動力結合，可以大幅促進自己的技術進步和人力資本積累。

其實，在函數形式上，*AK* 模型可以完全包含投資中嵌入技術進步這一思想。只可惜，阿羅著眼於"幹中學"這一技術進步的方式，而不是資本積累包含技術進步這一思想。究其原因，視角不同可能是一個重要考量。阿羅的著眼點，更多是一個先進國家在技術前沿上的技術進步，而不是一個落後國家的學習和進步。

經濟增長的文獻，立足點往往在於長期的經濟增長，實證的證據也大多來自歐美發達國家。對於這些國家而言，因為已經處於經濟發展和技術進步的前沿，發展的核心動力來自技術進步，經濟增長的模式是技術進步導致產出增加，帶動投資增加，技術進步是源頭。而對於落後國家而言，因為沒有處於技術前沿，在追趕發達經濟體的過程中，一個重要的途徑就是進口已有的技術，而這種進口，往往是通過投資實現的，發展的模式是投資增加帶動技術進步，導致產出增加，這裏投資增加是源頭，與發達國家的經濟增長模式有著很大的不同。這一不同，研究發展中國家經濟追趕時不可不予以考慮。

計量關係與因果關係

對於"過度投資"不可持續的另外一個更直接的回應，來自計量經濟學家。認真學習過計量的人，都會明白一點：計量關係永遠不能被解讀為因果關係。計量關係本質上是變量之間的相關關係，不管是根據簡單的簡約化模型（reduced form model）計算出來的簡單相關，還是根據複雜的結構性模型（structure model）計算出來的複雜相關，都依然還是相關關係，而不是因果關係。

在解讀計量結果時，學者們通常會把發現的相關關係與某種理論結合，說明實證發現支持了某種理論，而根據該理論，考察的變量之間存在某種因果關係。但是這裏面有兩個層次：一是證據支持了理論，二是該理論假定了某種因果關係。倘若把兩個層次混淆，直接認為是"證據表明了因果關係"，就大錯特錯了。倘若一個計量證據可以證明或者證否一個理論，把兩個層次合二為一在證據很強的情況下似乎也無傷大雅。遺憾的是，經濟學上沒有這樣的證據，經濟學上的證據往往都是很間接的，計量的結果最多只能在一系列的假設條件下提供一些支持或者不支持的證據，我們不斷積累計量的證據來支持或者不支持某一理論，從來不能證明或者證否一個理論。實際上，經濟研究的演化方式，是不斷積累證據，然後修正理論，然後積累更多的證據，是一個不斷演化的過程。

把這一層關於計量的討論簡單應用到增長核算上，一個結論躍然紙上：增長核算只是表明增長中的直接貢獻因素是什麼，但是並沒有任何關於增長原因的論述，因而增長核算也就完全不能拿來做增長原因，特別是增長持續性的討論。從"增長的直接貢獻因素"到"增長原因"，這看似很小的一步之間，卻有天壤之別。增長核算可能發現要素投入的增加，比如資本積累和勞動參與率的提高，可以幾乎完全解釋經濟增長，但是這一結果卻對增長的根本原因毫無涉及。比如說，這一核算結果沒有回答一個最基本的問題：要素投入為何會增加？非洲資源也很豐富，為什麼不大幅增加要素投入而促進經濟增長？增長核算研究的是增長本身，而不是增長的原因，因而在從增長核算中解讀增長的原因時，總要有一個引申、解讀的過程，這一過程要非常小心。

結語：舒爾茨的批判

對索洛模型缺點的最深刻分析之一，來自另一位諾獎得主西奧多·舒爾茨（Theodore W. Schultz）。在分析傳統農業向現代農業的轉變，以及由此而產生的經濟增長時，舒爾茨強調了新的生產要素的重要性，發現農業技術的進步，其實就是新的生產要素不斷被發明，並推廣應用的過程。[1] 比如，培育新的適宜當地的品種，新的品質好的肥料，新的更好的機械，這些新的生產要素代表的是農業技術進步的本質。這些要素的發明和應用，推動了農業生產的進步，釋放了農業勞動力，使得工業發展成為可能，也推動了經濟增長。

談到經濟增長理論時，舒爾茨對索洛模型的方法論表示了擔心，認為索洛模型過於重視綜合生產函數（aggregate production function），忽視了具體的生產過程，特別是忽視了新的生產要素的重要性。舒爾茨特別擔心的是，綜合生產函數這種方法把技術進步置於一個"黑箱子"當中，掩蓋了技術進步的實質，其實是不利於深入理解技術進步這一經濟增長的核心概念的。

可惜的是，儘管舒爾茨早有批評，但是後來索洛模型還是越發流行起來，對於後來的研究產生了深遠的影響。綜合生產函數儘管粗糙，但是可以把生產用一個簡單的函數形式來表達，是一個極為便利的方法。在真實與便利之間，現代經濟分析似乎對於後者更加偏愛。為了便利，人們可以包容模型的弱點，甚至選擇視而不見。

索洛本人，對於他的模型產生的誤導，其實不無察覺。1987

1　T. Schultz, Transforming Traditional Agriculture, New Haven: Yale University Press, 1964.

年他自己在諾獎發言中，就提到了他自己在模型中的妥協，並強調他自己早就知道要素積累的重要性，早在 1958 年就提出了 "嵌入技術進步" 的概念。可惜，後來經濟增長理論的演化，依然大致沿著 "總體生產函數" 的路徑，對於技術進步的具體過程，特別是發展中國家技術進步的特徵，重視不夠。一種理論一旦發明，人們就會根據自己的便利而選擇使用，發明者本人也沒有辦法。這驗證了中國的一句古話：開弓沒有回頭箭。

倘若只是幾個書生在書齋裏論道，對社會思維沒有什麼影響，那怎麼說都無傷大雅。然而，索洛模型對於人們的思維，以及政策制定，都產生了重要的影響，經濟政策討論中對於索洛殘差的眾多關注，就是明證。關注也就罷了，很多分析把索洛殘差簡單等價於技術進步，就很容易產生誤導了。可惜的是，儘管西奧多·舒爾茨早已指出索洛理論的方法論弱點，而且他本人亦貴為諾貝爾經濟學獎得主，他的觀點卻很少被人提及，不禁令人唏噓。

後　記
我為什麼要研究城市？

　　小時候聽說過一句話，小孩盼過年，大人怕花錢。那時候村裏人的日子都緊巴，孩子盼著好吃的，大人則擔心每年一度的“大考”。孩子身上的衣服，口中的零食，年夜飯有沒有魚和肉，孝敬給老人多少過年錢，都是一年一度的“大考”。然後，大人們才會卸下鎧甲，享受那片刻的安寧。傳統社會的中國人，給自己留的時間，真的不多。

　　今年照例在雙方的父母家奔波。我不會做家務，陪孩子玩是我的主要任務。朋友圈看到那篇全國有 700 萬留守兒童的文章，10%的留守兒童，竟以為自己的父母已經不在了。數據的真實性無從考證，但是大量留守兒童常年見不到父母，卻是事實。看到這樣的文字，心情想平靜下來，是很難的。

　　前幾年一個親戚生了二胎，我隨了份子，外加一句話：不管多辛苦，把孩子帶在身邊，不要留在老家。在城裏打工，早晚能抱抱孩子，晚上能哄著孩子入睡，比什麼都強。親戚知道我不亂講話，聽進去了，一家人擠在城郊一間小屋裏，條件雖然艱苦，也算是其樂融融。

敢說這句話，是因為在城市問題上下過點功夫，這個事情算是看得通透。城市不僅是鋼筋水泥，車水馬龍，更是千家萬戶真正的港灣，終極的歸宿。

翻開人類文明史，你會看到一條清晰的軌跡，更多的人離開土地，匯成城市。不管是達官貴人，還是販夫走卒，都可以在城裏安身立命。從古希臘、古羅馬，到現代歐洲，從春秋戰國、秦漢隋唐，到宋元明清，你看到的文明遺跡，是一座座的城市，跨越千年風霜歲月，連接成歷史的坐標。而鄉村，是不在其中的。在千年的風霜之後，鄉村都化作歷史的塵埃，隨風飄散了。

城市之所以有這樣的力量，不是因為城牆堅固，而是因為城市擺脫了鄉村社會分散的、點狀的結構，結成了一張巨大的網絡，共同抵禦歷史的風霜。每個人，每個機構，都是這張網上的節點，利用彼此的力量，眾生協作，各得其所。

反觀鄉村，則是各自孤軍奮戰，如老子所言，雞犬之聲相聞，老死不相往來。因為不能充分藉助分工協作的力量，鄉村在安全防衛、協作互助、知識積累、技術進步方面，都有明顯的劣勢。個體的力量終歸渺小，文明的進步也舉步維艱。

有條件的時候，離開土地，匯入城市，是人類文明進步的基本方式。

沒條件的時候，創造條件，離開土地，是社會突飛猛進的基本模式。

中國 1978 年以來的經濟奇跡，有很多角度可以去解讀。其中的一個角度，是城市化率，從 1978 年的 18%，上升到 2018 年的 59%。所謂奇跡，不過是更多的人離開土地，匯成城市。

誠然，對於每一個人而言，漂泊到陌生的城市，要克服很多的困難。每一個曾經流浪的人，都深有體會。落腳在陌生的城市，生活在城市的最底層，那份艱辛，冷暖自知。

以前在香港大學工作過兩年，港大位於港島西區，不算繁華。漫步周邊，經常可以看到那些 "筆杆子樓"，就是細細長長的樓房，拔地而起。那些樓那麼苗條，經常擔心會被台風吹倒。樓裏的房間，都很小，三四十平方米的單元，就算很大了。遠遠望去，像極了一個個鳥籠子。但是就是這樣的鳥籠子，現在賣到上千萬一個。

曾經很為港人的局促感到心酸。那麼多人，就為一個個鳥籠子奮鬥。後來閱歷多了一點，才慢慢明白，蒼天饒過誰，誰不局促，誰不心酸。香港的貧富差距其實很大，底層人生活其實很一般，但是至少有希望，努力打工，把孩子送進好一點的學校，找一份好一點的工作。再不濟，至少都是正常的家庭，一家人在一起的。反觀內地，農民工很難在城裏立足，孩子經常留在老家，才是真的心酸。

人都有同理心，如何面對那 700 萬留守兒童，面對那 700 萬破碎的家庭，考驗一個人的良心。

關於農村問題，有很多專家，觀點不一樣很正常。觀點不同，本是學術之爭。可是，我難以明白的是，這麼多的專家，面對這700萬留守兒童，面對這700萬破碎的家庭，如何能夠無動於衷，堅持說農村是中國穩定的腹地，農村保留了鄉土社會的美好。尤其是，這些人自己住在城裏，把子女送往大城市甚至國外，怎麼能說出這樣的話？

醒醒吧，省省吧，鄉土社會已經解體了，承不承認都一樣。工業化、信息化浪潮面前，農村的點狀結構在城市的網狀結構的降維打擊下，已經七零八落。

醒醒吧，省省吧，只有現代化的都市和鄉村，才能充當中國經濟的穩定器，大規模、現代化的農業生產，才是糧食安全、社會穩定的保障。

醒醒吧，省省吧，農村的未來，是變成城市網絡的一部份，變成城鄉一體化網絡的外圍的、輔助的部份。絕大多數農民的未來，就是進城落戶，成為市民。

謹以此文，獻給那些和我的親戚一樣，帶著孩子在城裏打工的人。也希望更多的人，打工的時候能把孩子帶在身邊。實在不行，至少常回家看看。

致　謝

　　本書成文，得益於很多人的啟發和幫助。我的導師宋國青先生，打開了我思考問題的一扇窗，一直是我學習與模仿的榜樣。我的很多想法，都受到先生的啟發。時至今日，想不明白事情的時候，我的潛意識裏都有一個聲音：先生會怎麼看？

　　在城市化的問題上，我受周其仁教授的啟發很多。從 2010 年起，參與周老師的團隊，研究中國土地改革和城市化問題，參加了很多調研和討論。周老師調研功力深厚，對中國的農村改革和經濟變遷有大量一手觀察和深入思考。我遠觀近瞧地學習，受益良多。

　　我對經濟發展問題的思考，也受到林毅夫教授的影響。多年來，林老師筆耕不輟，創立了新結構經濟學，嘗試建立解釋中國經濟成就的統一分析框架。功成不必在我，而功力必不唐捐。林毅夫作為先行者開創的道路，後人必將繼續。

　　還要感謝的是創立朗潤園的諸多老師。林毅夫、易綱、海聞、張維迎等人 1994 年創辦中國經濟研究中心（China Center for Economic Research），引一時之潮流，是 20 世紀 90 年代的學術重鎮，也給了很多年輕人學習經濟學的機會，我是受益者之一。沒有朗潤園，我的求學道路將大不同。

本書部份內容，是在北京大學多次授課的內容基礎上修改而成，在此感謝同學們的參與和提問。沒有這樣的授課經歷，很多零星的思考也不會成文。

最後，還要感謝幾位學生的卓有成效的助研工作，包括陳靖、李惠璿、杭靜、陳子浩。特別要感謝的是陳子浩，他幫助蒐集整理了很多數據，並且創造性地發現了一些事先沒有想到的結果，特此致謝。

徐遠

2019 年 8 月 18 日於北京橡樹灣家中